Angelika Tavernier

Komplexe Aufgaben Hauswirtschaft/ Soziales

Anhand von Fallbeispielen Problemlösestrategien entwickeln und Handlungskompetenz erwerben

7

Auer Verlag

Bildquellenverzeichnis:

S. 10 Longdrink: unpict, Fotolia
S. 15 Müsli: Sergii Moscaliuk, Fotolia
S. 19 Küchenchaos: Gemenacom, Shutterstock
S. 22 Pistazien: Andrzej Burak, Wikimedia
S. 26 Käsesandwich: Gabee, Fotolia
S. 27 Greifräume: Andreas Fleischmann
S. 30 Einkauf: Minerwa Studio, Fotolia
S. 31 Mülltonnen: Phalaikon jaisungat, Fotolia
S. 31 Gelber Sack: Alter Fritz, Wikimedia
S. 31 Altglas-Container: Florian Hurlbrink, Wikimedia
S. 33 Grüner Punkt: Der Grüne Punkt – Duales System Deutschland GmbH
S. 33 Blauer Engel: RAL gGmbH
S. 33 Symbol Recycling: Krdan, Wikimedia
S. 34 Gemüsespieße: Helenlbuxton
S. 37 Messer: Contacto Bander GmbH
S. 38 Gemüse in Scheiben: Apostoloff, Wikimedia
S. 38 Zwiebelringe: Miansari66, Wikimedia
S. 38 Karottenstreifen: Gran, Wikimedia
S. 38 Paprika gewürfelt: Gilabrand, Wikimedia
S. 38 Paprikastreifen: Björn Söderqvist, Wikimedia
S. 40 Gurken Wellenschnitt: Ali Haydar, Shutterstock
S. 40 Salz und Pfeffer: Africa Studio, Shutterstock
S. 47 Wurstsalat: RainerZ, Wikimedia
S. 55 Obstsalat: Mircea Bezergheanu, Shutterstock
S. 60 Putenbrust-Schnittchen: Timolina
S. 64 Messer: Contacto Bander GmbH
S. 65 Garnitur mittig: Marius de Graf, Shutterstock
S. 65 Garnitur seitlich: White Rabbit 83, Shutterstock
S. 65 Garnitur Tellerrand: Bernd Jürgens, Shutterstock
S. 71 Nudelpfanne: Daniel Etzold, Fotolia
S. 78 Schokolade im Wasserbad: Antoinel, Wikimedia

Gedruckt auf umweltbewusst gefertigtem, chlorfrei gebleichtem
und alterungsbeständigem Papier.

1. Auflage 2013
Nach den seit 2006 amtlich gültigen Regelungen der Rechtschreibung

Illustrationen: Steffi Aufmuth, Corina Beurenmeister, Julia Flasche, Steffen Jähde, Bettina Weyland
Satz und Layout: krauß-verlagsservice, Augsburg
Druck und Bindung: Stückle Druck und Verlag, Ettenheim
ISBN 978-3-403-**07101** 3

www.auer-verlag.de

Inhaltsverzeichnis

Anhang: Methodenkarten

Vorwort

Im Fach Hauswirtschaft/Soziales sollen die Schüler[1] der Hauptschule laut Lehrplan Einblick in die Zusammenhänge zwischen Ernährung, Gesundheit, Leistungsfähigkeit und Wohlbefinden gewinnen, indem sie gemeinsam einfache Vorhaben planen und gestalten und sich dabei der eigenen Verantwortung bewusst werden. Konkrete Projekte sollen berufsähnliche Realität in den schulischen Unterricht bringen und auf die Arbeitswelt vorbereiten.

Um die geforderte **Methodenkompetenz** zu erlangen, müssen entsprechende Strategien regelmäßig geschult und angewendet werden. Dazu gehören unterschiedlichste Lern- und Arbeitstechniken, Gesprächs- und Kooperationstechniken, das Dokumentieren von Arbeitsprozessen sowie das Präsentieren von Arbeitsergebnissen. Zur Ausführung komplexer Methoden (Makromethoden) wie zielgerichtete Gruppen- und Projektarbeit, die Vorbereitung eines Referates oder einer Projektmappe sowie das Arbeiten mit einem Leittext, sind zahlreiche Mikromethoden als basales Grundwissen erforderlich. Dazu gehören beim Recherchieren von Informationen v.a. das Markieren, Nachschlagen, Begriffe klären, Notizen festhalten, Protokollieren, Lesen, Abheften und der richtige Umgang mit Lernkarteien. Für die Schüler im Fach Hauswirtschaft/Soziales ist es unumgänglich, die zur Prüfung notwendigen Methoden bereits ab der 7. Klasse zu üben und selbstständig anzuwenden. Das methodische Vorgehen steht in diesem Buch im Vordergrund und bedarf ein paar notwendiger Hinweise bzw. Vorschläge:

Grundsätzlich ist es vorteilhaft, eine Methodenkartei, die stets erweitert werden kann, anzulegen. Ein Stehsammler ist hierfür sehr gut geeignet. Die Kartei sollte aus Methodenkarten und Methodenblättern bestehen:

- Die im Anhang befindlichen **Methodenkarten** können auf A 4 hochkopiert, ausgeschnitten, auf farbiges Papier geklebt und laminiert werden. Damit sind sie ansprechender gestaltet, leichter aufzufinden und gehen nicht so schnell verloren. Jede Methodenkarte sollte mindestens 4 Mal vorhanden sein.
- Die **Methodenblätter** innerhalb der Kapitel sollten als Kopie (A 4) immer in ausreichender Zahl vorhanden sein. Es ist vorteilhaft, diese in einer Klarsichthülle im Anschluss an die Methodenkarte aufzubewahren.

Achtung: Jede neue Methode erfordert zunächst eine Einführung im Klassenverband.

[1] Aufgrund der besseren Lesbarkeit ist in diesem Buch mit Schüler auch immer Schülerin gemeint, ebenso verhält es sich mit Lehrer und Lehrerin etc.

Sich beraten lassen ist eine Methode, die die Schüler automatisch am in der Projektprüfung angebotenen **Beratungsschalter** erfahren. Entscheidend ist dabei die Vorbereitung der Schüler auf das Schaltergespräch:

1. Unklarheiten kurz notieren, schließlich klare Fragestellungen formulieren
2. Fragen mit genügend Zeilenabstand aufschreiben
3. Ergebnisse der Beratung zu jeder Frage festhalten

Die Methode **Küchenjournal** ist wie eine Wandzeitung zu verstehen und dient der Präsentation von Arbeitsergebnissen, Abbildungen und Plakaten. Stell- oder Pinnwände erfüllen denselben Zweck. Ist nichts davon vorhanden, kann mit Tapetenrollen oder anderen großflächigen Papierbögen ein Küchenjournal erstellt werden. Ergebnisse aus Einzel- oder Gruppenarbeit können am Küchenjournal über einen längeren Zeitraum hängen bleiben, sollten aber regelmäßig aktualisiert werden, damit das Interesse der Schüler geweckt bleibt.

Die in den einzelnen Unterrichtseinheiten angeführten **Fallbeispiele** bzw. Szenarien sollten grundsätzlich auch auf Folie übertragen werden. Da sie meist als Unterrichtseinstieg dienen, wirken sie in erster Linie impulsgebend und sollen die Schüler zum Nachdenken und zur Problemlösung anregen. Bereits beim Lesen des Fallbeispiels kann die Methode Markieren von einem Schüler auf Folie angewendet werden. Unklare Begriffe können bei dieser Gelegenheit geklärt werden. Ein Fremdwortduden und entsprechende Fachbücher sollten deshalb vorrätig sein.

Das **Küchen-ABC** ist eine Kartei zu unterschiedlichen Themenbereichen der Lebensmittelverarbeitung wie z. B. Garverfahren, Teigarten, Verarbeitungstechniken bei Obst bzw. Gemüse und Definitionen zu Fachbegriffen. Das **Küchen-ABC** sollte vom Lehrer vorbereitet werden. Alternativ kann man auch gute Schüler damit beauftragen, die Kartei zu bestimmten Themen zu ergänzen (z. B. Definitionskarten zu Fachbegriffen wie Blanchieren). Die Karten befinden sich jeweils in einem eigenen Fach und sind alphabetisch geordnet.

Die im Buch (S. 57) angegebene **Tischkulturmappe** kann von jedem Lehrer selbst angelegt werden. Sie gliedert sich in:

- Tisch decken (Der gedeckte Tisch, Grundgedecke)
- Das Besteck (Bestecksprache, Servier- und Vorlegebesteck)
- Die Serviette (Serviettenformen, Servietten falten und viele Beispiele mit Anleitung)
- Servietten- und Tischschmuck (Serviettenringe, Tischkarten, Menükarten)
- Tischsitten
- Service bei Tisch
- Tischkultur im Wandel (früher – heute)

Die Kochaufgaben sind als Anregung gedacht und können beliebig ausgetauscht werden.

Ich wünsche Ihnen und Ihren Schülern viel Spaß und Erfolg!

Angelika Tavernier

1. Die Schulküche kennenlernen

LEHRERINFORMATION

Lernziele

- die verschiedenen Arbeitsbereiche voneinander unterscheiden
- die Arbeitsbereiche entsprechend der Vor- und Zubereitung von Lebensmitteln sinnvoll auswählen
- Koch- und Tafelgeschirr in die entsprechenden Schubfächer bzw. Ober- und Unterschränke einsortieren
- Arbeitsgeräte und -mittel selbstständig finden
- Lebensmittelvorräte selbstständig finden und wieder an den richtigen Platz zurückstellen
- Reinigungsmittel und Küchentücher sachgerecht bereitstellen sowie aufräumen bzw. aufhängen

Fachbegriffe

- Kochgeschirr
- Tafelgeschirr
- Geschirrtuch, Handtuch, Spültuch
- Eisportionierer
- Longdrinkglas

Arbeitsmaterialien

Kochgeschirr, Tafelgeschirr, Lebensmittel, Geschirrtuch, Handtuch, Spültuch, Eis-portionierer, Longdrinkglas

Lernmedien

- Arbeitsblatt mit Fallbeispiel und Leittext (S. 9)
- Arbeitsblatt „Küchenzeile" (S. 10)
- Kochaufgabe mit Rezepttabelle „Blonder Engel" (S. 11)

Lernmethoden

Brainstorming Plan von einer Küche zeichnen, eine Küchenzeile skizzieren, Schränke inspizieren, den Schrankinhalt notieren ...

LEHRERINFORMATION

1. Vorbereitung

- Das Arbeitsblatt mit Fallbeispiel und Leittext (S. 10) in Gruppenstärke und auf Folie kopieren
- Die Kochaufgabe mit Rezepttabelle „Blonder Engel" (S. 11) in Gruppenstärke kopieren
- Das Arbeitsblatt „Küchenzeile" (S. 12) auf Folie und in Schüleranzahl kopieren
- Das Rezeptblatt „Blonder Engel" (S. 11) in Schüleranzahl kopieren

Damit die Schüler die Arbeitsmittel und Küchengeräte benennen können, ist es sinnvoll, an und in den Küchenschränken und Schubfächern Aufkleber mit einer Auflistung der jeweils vorhandenen Geräte anzubringen.

Das Arbeitsblatt „Küchenzeile" für die Schüler auf A3 vergrößern.

2. Unterrichtseinstieg

Die Schüler betrachten die Schulküche und werden auf die Aufkleber hingewiesen. Einige Begriffe werden laut vorgelesen und ggf. deren Bedeutung abgefragt.

3. Weiterer Verlauf

Die Schüler bilden Kleingruppen und erhalten pro Gruppe einen Ausdruck des Arbeitsblattes mit Fallbeispiel und Leittext. Das Arbeitsblatt „Küchenzeile" wird an jeden Schüler verteilt. In der Kleingruppe erarbeiten die Schüler die Begriffe und übertragen sie auf das Schema der Schulküche. Das Schema muss/kann ggf. abgeändert werden, je nach Aufbau der Schulküche.

4. Ergebnissicherung/-präsentation/Lösung

Der Lehrer nimmt eine eigene Eintragung der entsprechenden Geräte auf der Folie vor. Diese wird abschließend im Plenum präsentiert. Die Schüler gleichen ihre Ergebnisse damit ab.

Hausaufgabe

- Suche Informationen zu Hygieneregeln im Internet, in einem Fachbuch oder frage einen Experten.
- Wähle drei Hygieneregeln für das Arbeiten in der Küche aus. Notiere jeweils eine Regel auf einer Karteikarte.

FALLBEISPIEL

In den Ferien hat Fabienne ihre Freundin Lisa besucht, die jetzt in München wohnt. Weil Fabienne noch nie zuvor in München war und sich dort nicht auskennt, hatte sie sich vorher einen Stadtplan besorgt und im Internet eine Wegbeschreibung zu Lisas Wohnung heruntergeladen. Das war eine gute Idee, denn so konnte sich Fabienne problemlos in der ihr fremden Stadt zurechtfinden!

Heute bist du zum ersten Mal in der Schulküche. Sie ist dir genauso fremd wie Fabienne die Stadt München. Um dich möglichst schnell mit der Küche vertraut zu machen, musst du dir einen Plan davon besorgen. Aber wie?

So kannst du vorgehen:

☐ 1. Sieh dir die Abbildungen auf dem Arbeitsblatt genau an.

☐ 2. Finde die entsprechenden Schubfächer und Ober- bzw. Unterschränke in deiner Schulküche.

☐ 3. Lies dir die dort angebrachten Aufkleber gut durch.

☐ 4. Notiere die Arbeitsgeräte, die du in den einzelnen Schubfächern vorfindest.

☐ 5. Notiere dann die Arbeitsgeräte, die in den Ober- und Unterschränken sind.

Überlege:

Sind deine Aufzeichnungen vollständig?

ARBEITSBLATT

Küchenzeile

Die Schubfächer meiner Küche

1	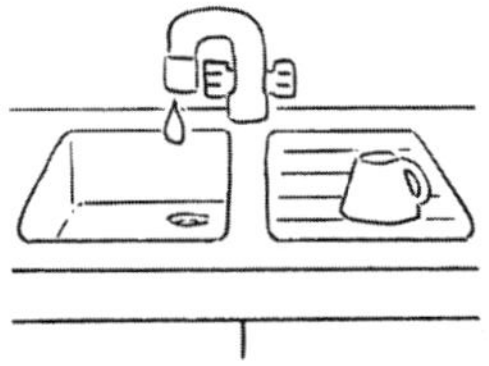	2	3	

Die Unterschränke meiner Küche

A	B	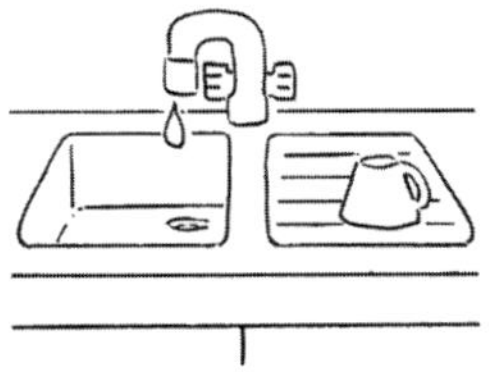	Arbeitsfläche		C

KOCHAUFGABE

Blonder Engel (4–5 Portionen)

Menge	Zutaten	Zubereitung	Arbeitsgeräte
200 g	Vanilleeis	kugelweise portionieren und je eine Kugel in ein Longdrinkglas geben.	Eisportionierer Longdrinkglas
1 l	Orangensaft	auf die Longdrinkgläser verteilen. Das Getränk jeweils mit einem Strohhalm anrichten.	Strohhalme

2. Hygiene

LEHRERINFORMATION

Lernziele

- Lebensmittel hygienisch verarbeiten
- den Arbeitsplatz während des Kochens sauber halten
- die Notwendigkeit persönlicher Hygiene erkennen und beachten
- Hygienemaßnahmen im Unterricht und zu Hause praktizieren

Fachbegriffe

- Hygiene (persönliche Hygiene, Lebensmittelhygiene, Hygiene am Arbeitsplatz)
- Recherche

Arbeitsmaterialien

Arbeitsgeschirr, Tafelgeschirr, Reinigungsmittel, Geschirrtuch, Handtuch, Spültuch, Lebensmittel, Kompottschüsseln, Reibe, Kartonpapier

Lernmedien

- Fachbuchauszüge zum Thema „Hygiene“
- Computer mit Internetanschluss
- Fremdwörterlexikon
- Arbeitsblatt „Hygiene“ (S. 14)
- Kochaufgabe mit Rezepttabelle „Frühstücksmüsli“ (S. 15)

Lernmethoden

Kartenabfrage

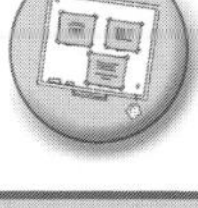

Markieren

Begriffe klären

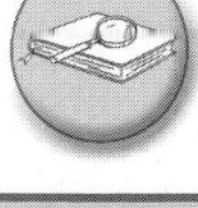

Nachschlagen

Internetrecherche

LEHRERINFORMATION

1. Vorbereitung

- Fachbuchauszüge zum Thema „Hygiene“ in Lerngruppenstärke erstellen
- Das Arbeitsblatt „Hygiene“ (S. 14) auf Folie und in Schüleranzahl kopieren
- Für die Kartenabfrage drei Kartonpapierbögen in DIN A4 zuschneiden; auf den Bögen die Oberbegriffe „Persönliche Hygiene“, „Lebensmittelhygiene“, „Hygiene am Arbeitsplatz“ eintragen
- Die Schüler bringen beschriftete Karten aus der Hausaufgabe von Kap. 1 (S. 8) mit
- Das Rezeptblatt „Frühstücksmüsli“ (S. 15) in Schüleranzahl kopieren

2. Unterrichtseinstieg

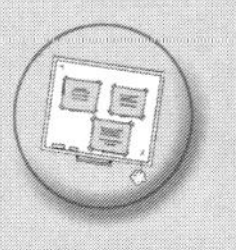

Die Schüler heften die als Hausaufgabe zu Kap. 1 erstellten Karten mit Hygieneregeln an die Tafel. Die Aussagen werden vorgelesen und doppelte aussortiert. Die verbliebenen Regeln werden gemeinsam im Plenum den drei Bereichen „Persönliche Hygiene“, „Lebensmittelhygiene“ und „Hygiene am Arbeitsplatz“ zugeordnet. Dabei wird klar, zu welchem Bereich keine oder zu wenige Regeln gefunden wurden. Diese werden ggf. gemeinsam ergänzt. Dann werden die drei Kartonpapierstreifen mit den Oberbegriffen über die sortierten Zettel gehängt und das Arbeitsblatt mit den Abbildungen auf Folie gezeigt.

3. Weiterer Verlauf

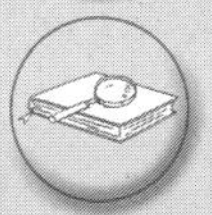

Jeder Schüler erhält ein Arbeitsblatt „Hygiene“. Die Begriffsdefinition wird von den Schülern in Gruppenarbeit selbstständig mithilfe der Fachbuchauszüge erstellt:
Die Schüler lesen die Fachbuchauszüge.
Sie klären unbekannte Begriffe mithilfe von Internetrecherchen oder Nachschlagen im Fremdwörterlexikon.
Sie formulieren eine eigene Beschreibung (= Definition) des Begriffs „Hygiene“ und notieren diese auf einem Blockblatt.
Sie ergänzen die weiteren Punkte auf dem Arbeitsblatt mithilfe der Ergebnisse aus der Kartenabfrage.

4. Ergebnissicherung / -präsentation / Lösung

Die Gruppen tragen ihre Ergebnisse vor; die treffendsten Beschreibungen können ggf. an der Tafel notiert und mit der Musterlösung abgeglichen werden.

Musterlösung

Definition: Hygiene bezeichnet Maßnahmen zur Vorbeugung von Infektionskrankheiten und zur Erhaltung der Gesundheit. Beim Arbeiten mit Lebensmitteln ist besonders auf Sauberkeit zu achten!
Persönliche Hygiene: Schürze anlegen, Haare zusammenbinden, Schmuck ablegen, Hände waschen, Wunden sofort verbinden. Nach dem Naseputzen und Toilettengang Hände erneut waschen!
Lebensmittelhygiene: Nur einwandfreie Lebensmittel verwenden, sauberes Arbeitsgeschirr benutzen (Probierlöffel!), für Fleisch ein extra Schneidebrett verwenden.
Hygiene am Arbeitsplatz: Arbeitsplatz stets sauber halten, saubere Geschirr- und Spültücher benutzen, Abfallschüssel verwenden, Verschüttetes sofort entfernen.

ARBEITSBLATT

„HYGIENE“ – Was bedeutet das?

Lies die Fachinformationen gut durch. Kläre unbekannte Begriffe mithilfe einer Recherche im Internet oder schlage sie im Fremdwörterlexikon nach. Schreibe deine Ergebnisse auf die Linien.

Definition: „Hygiene bedeutet ...

____

____

______________________________."

Hygiene in der Küche

Persönliche Hygiene:

____

____

Lebensmittelhygiene:

____

____

Hygiene am Arbeitsplatz:

____

____

KOCHAUFGABE

Frühstücksmüsli

Menge	Zutaten	Zubereitung	Arbeitsgeräte
200 g	Haferflocken		
20 g	Leinsamen	in eine Schüssel geben	Arbeitsschüssel
20 g	Sesam	und vermischen	
20 g	geh. Mandeln		
1/2 l	Milch	mit	
125 g	Sahnequark	und	
1 EL	Honig	verrühren.	
1	Apfel	reiben und unter das Müsli mischen.	Reibe
		Das Müsli in einer frischen Schüssel anrichten und mit	Anrichteschüssel aus Glas
	Schokostreusel	verzieren.	

3.1 Arbeitsablauf beim Spülen

LEHRERINFORMATION

Lernziele

- Arbeitsabläufe systematisch planen und durchführen
- sachgerecht und folgerichtig spülen
- hygienisch und umweltbewusst spülen
- Regeln beim Spülen

Fachbegriffe

- Hygiene (Wdh.)
- folgerichtiges Arbeiten
- Zitronenpresse
- Schneebesen
- Pistazien
- Dessertschalen

Arbeitsmaterialien

Arbeitsgeschirr, Tafelgeschirr, Geschirrtuch, Handtuch, Spültuch, Schwämme, Schwammtuch, Topfreiniger, verseifte Stahlwolle, Zitronenpresse, Schneebesen, Dessertschalen, Lebensmittel, Hackmesser

Lernmedien

- Arbeitsblatt mit Fallbeispiel und Leittext (S. 18)
- Arbeitsblatt Tafelbild „Spülen von Hand" (S. 19)
- Methodenblatt „Flussdiagramm" (S. 20)
- Kochaufgabe mit Rezepttabelle „Früchtequark à la Saison" (S. 22)
- evtl. Schulbuch

Lernmethoden

Flussdiagramm

Blitzlicht

3.1 Arbeitsablauf beim Spülen

LEHRERINFORMATION

1. Vorbereitung

- Das Arbeitsblatt mit Fallbeispiel und Leittext (S. 18) in Gruppenstärke und auf Folie kopieren
- Die Blanko-Schriftstreifen für das Flussdiagramm (S. 20) in Gruppenstärke kopieren und zuschneiden
- Das Methodenblatt „Flussdiagramm" (S. 20) und das Arbeitsblatt mit dem Tafelbild „Spülen von Hand" (S. 19) auf Folie und in Schüleranzahl kopieren
- Die Methodenkarte „Flussdiagramm" (S. 84) in Schüleranzahl kopieren
- Das Rezeptblatt „Früchtequark à la Saison" (S. 22) in Schüleranzahl kopieren

Bei schwachen Schülern sollten die Schriftstreifen bereits beschriftet sein, sodass diese nur noch sortiert werden müssen. Zur weiteren Hilfestellung kann das Schulbuch bereitgelegt werden.

2. Unterrichtseinstieg

Zum Einstieg in das neue Thema wird ein Blitzlicht zum Fallbeispiel durchgeführt, z. B. Abfälle beseitigen, Lebensmittel aufräumen, spülen, alle Arbeitsflächen abwischen, Herd und Spüle reinigen. Die wichtigsten Informationen werden an der Tafel ungeordnet schriftlich festgehalten.

3. Weiterer Verlauf

Anhand des Fallbeispiels und mithilfe des Leittextes erstellen die Schüler in Gruppenarbeit ein Flussdiagramm. Dazu erhalten sie pro Gruppe einen Satz Schriftstreifen sowie einen Abzug der Methodenkarte. Sie überlegen, welche Arbeitsschritte beim Spülen folgerichtig durchgeführt werden müssen und tragen diese auf den Schriftstreifen ein. Dann sortieren sie diese mithilfe des Leittextes. Die Schriftstreifen werden nach dem Beschriften und Ordnen an die Tafel gehängt. Im Plenum werden die Ergebnisse besprochen, ggf. korrigiert (vgl. Musterlösung auf S. 21) und in das Tafelbild übertragen. Jeder Schüler erhält eine Kopie der Tafelbildstruktur. Anhand des Flussdiagramms wird diese gemeinsam im Plenum ausgefüllt. Das Ergebnis (vgl. Musterlösung) übertragen die Schüler auf ihr Arbeitsblatt.
So wird das neu Gelernte am Tafelbild umgesetzt und gleichzeitig wiederholt.

Das Tafelbild sollte erst nach dem Flussdiagramm ausgefüllt werden, da dieses als Grundlage für den konkreten Arbeitsablauf beim Spülen dient.

4. Ergebnissicherung / Lösung zum Tafelbild *„Spülen von Hand"*

Musterlösung

1. Vorarbeiten: grobe Essensreste entfernen, stark verkrustete Töpfe einweichen, stark verschmutztes Geschirr vorspülen
2. Arbeitsablauf beim Spülen:
Geschirr zum Abtropfen stürzen ← nachspülen in klarem, heißem Wasser ← spülen in heißem Wasser mit Spülmittel ← benutztes Geschirr vorsortieren
Merke: Spüle vom leicht Verschmutzten zum stark Verschmutzten!

FALLBEISPIEL

Dein bester Freund hat dich zu seiner Geburtstagsparty eingeladen. Er bereitet für seine Gäste ein kleines Büfett vor. Da du kein Taschengeld mehr hast und ihm deswegen leider kein Geschenk kaufen kannst, schenkst du ihm deine tatkräftige Hilfe beim Aufräumen nach der Party. Dieses Geschenk nimmt dein Freund sehr gerne an! [...]
Die Party war wirklich schön, und die Gäste haben das Büfett komplett leergefuttert. Nun herrscht das totale Chaos in der Küche: Überall stehen Teller mit Essensresten, benutzte Dessertschalen, zahlreiche Gläser und Schüsselchen herum. Auch eine Menge Besteck ist angefallen. Die Töpfe sind zum Teil richtig verkrustet. Wie gehst du nun am besten vor? Was solltest du als Erstes tun?

So kannst du vorgehen:

- ☐ 1. Überlege, wie du das größte Chaos beseitigen kannst.
- ☐ 2. Lies dir dann die Informationen an der Tafel oder im Schulbuch durch. Überlege dir einzelne Arbeitsschritte, wie du das Geschirr am besten sortieren kannst.
- ☐ 3. Überlege dir dann Arbeitsschritte, wie du es am besten spülen kannst. Berücksichtige dabei den Grad der Verschmutzung des Geschirrs und die richtige Reihenfolge beim Spülen.
- ☐ 4. Notiere nun die einzelnen Arbeitsschritte jeweils auf einem Schriftstreifen.
- ☐ 5. Lege alle beschrifteten Streifen folgerichtig untereinander. Nimm dabei die Methodenkarte „Flussdiagramm“ zu Hilfe.
- ☐ 6. Nummeriere die Schriftstreifen.

Überlege:
Hast du die richtige Reihenfolge eingehalten?

ARBEITSBLATT

„Spülen von Hand“

1. Vorarbeiten: ______________________________

____

____

2. Arbeitsablauf beim Spülen:

____	____	____	____
____	____	____	____
____	____	____	____
____	____	____	____
____	____	____	____

Merke: Spüle vom __________ Verschmutzten zum __________ Verschmutzten!

METHODENBLATT FLUSSDIAGRAMM

„Arbeitsschritte beim Spülen“

LEHRERINFORMATION

„Arbeitsschritte beim Spülen“ – Musterlösung

Essensreste entfernen, vorspülen

▼

benutztes Geschirr vorsortieren (rechts vom Spülbecken)

▼

spülen in heißem Wasser mit Spülmittel

▼

nachspülen in klarem, heißem Wasser und **sofort** herausnehmen

▼

Geschirr auf die Abtropffläche stürzen (links vom Spülbecken)

▼

Geschirr abtrocknen und stapeln

▼

Geschirr einräumen

▼

Spüle reinigen und trocken wischen

▼

Die Küche ist sauber.

KOCHAUFGABE

Früchtequark à la Saison

Menge	Zutaten	Zubereitung	Arbeitsgeräte
250 g	Früchte der Saison	waschen, evtl. schälen und zerkleinern.	Obstmesser, Schneidebrett
1/2	Zitrone	auspressen und dazugeben.	Zitronenpresse Arbeitsschüssel
2 EL	Zucker	unterrühren.	Schneebesen
250 g	Sahnequark	und	
6 EL	Milch	cremig rühren.	
		Die Milch-Sahne-Creme und die Früchte schichtweise in Dessertschalen füllen.	Dessertschalen
2 EL	Pistazien	hacken und den Früchtequark damit garnieren.	Hackmesser

Pistazien

Pistazien sind Nüsse mit einem sehr hohen Gehalt an Eisen und Kalium. Sie enthalten sowohl einfach als auch mehrfach gesättigte Fettsäuren. Diese wirken zum Beispiel vorbeugend gegen Arteriosklerose. Die Pistazie ist meist nur mit Schale erhältlich. Wenn die reife, getrocknete Pistazie ihre Schale etwas öffnet, wird der grüne Kern sichtbar. Die Schale lässt sich leicht mit den Fingerspitzen in zwei Hälften brechen, sodass der Kern herausfällt. Gehackte Pistazien werden gern zum Garnieren von Speisen verwendet.

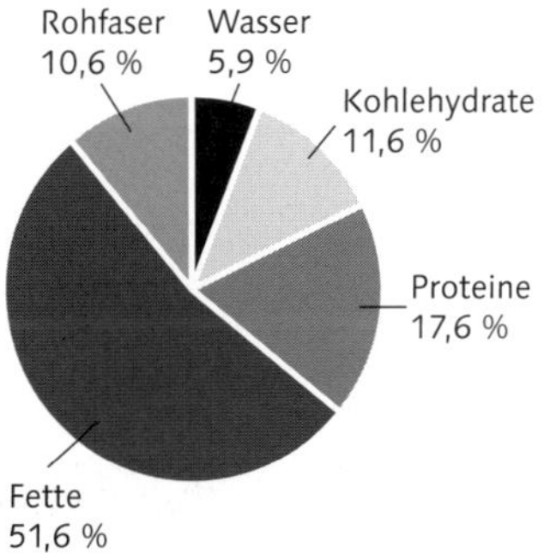

3.2 Arbeitsabläufe bei der Lebensmittelverarbeitung

LEHRERINFORMATION

Lernziele

- Arbeiten zweckmäßig im entsprechenden Arbeitsbereich ausführen
- Arbeitsabläufe sachlich und folgerichtig vorbereiten, durchführen und nachbereiten
- Arbeitsabläufe kraft- und zeitsparend gestalten
- frische Lebensmittel sachgerecht vorbereiten (waschen, putzen, schälen)

Fachbegriffe

- innerer Greifraum
- äußerer Greifraum
- rationelles Arbeiten
- folgerichtiges Arbeiten (Wdh.)
- Sandwich

Arbeitsmaterialien

Arbeitsgeschirr, Tafelgeschirr, Brotmesser, Tomatenmesser, Servierplatte, Lebensmittel, Stoppuhren

Lernmedien

- Arbeitsblatt mit Fallbeispiel und Leittexten (S. 25)
- Kochaufgabe mit Rezepttabelle „Käsesandwich" (S. 26)
- Definitionen und Abbildungen zu Fachbegriffen (S. 27)

Lernmethoden

Markieren

Begriffe klären (z.B. Sandwich, innerer und äußerer Greifraum, rationelles Arbeiten)

Mindmap

LEHRERINFORMATION

1. Vorbereitung

- Stoppuhren nach Gruppenstärke bereitstellen
- Die Abbildung „Greifräume" (S. 27) und entsprechende Arbeitsplätze vorbereiten
- Das Arbeitsblatt mit Fallbeispiel und Leittexten (S. 25) in Gruppenstärke kopieren
- Das Rezeptblatt „Käsesandwich" (S. 26) in Schüleranzahl kopieren

2. Unterrichtseinstieg

Das Fallbeispiel wird gelesen, die Schüler markieren Schlüsselbegriffe.
Der Lehrer präsentiert das „Käsesandwich"-Rezept per Folie.
Die Schüler erstellen gemeinsam im Plenum eine einfache Mindmap zur Zubereitung der Sandwiches (vgl. Musterlösung Mindmap auf S. 27). Diese sollte auf Folie oder an der Tafel skizziert werden. Dabei werden unbekannte oder schwierige Begriffe aufgegriffen und geklärt (vgl. Musterlösung von Definitionen auf S. 27).
Der Lehrer zeigt den Schülern die vorbereiteten Arbeitsplätze und erläutert dabei die richtige Anordnung der Arbeitsmittel in den jeweils dafür vorgesehenen Greifräumen.

3. Weiterer Verlauf

Den Schülern werden das Fallbeispiel und die beiden Varianten des Leittextes vorgestellt. Sie entscheiden sich für eine Vorgehensweise, erhalten das Fallbeispiel mit den Leittexten und führen die Arbeitsaufträge durch. Sie messen die jeweilige Bearbeitungszeit und notieren ihre Ergebnisse. Während ein Schüler die Sandwiches belegt, können die anderen Gruppenmitglieder bereits spülen und den Tisch decken.

Der Lehrer sollte darauf achten, dass beide Methoden der Zubereitung angewendet werden.

4. Ergebnissicherung / -präsentation / Lösung

Im Anschluss werden die Ergebnisse im Plenum verglichen, die gemachten Erfahrungen diskutiert und bewertet.

Die richtige Anordnung der Arbeitsgeräte und Lebensmittel unterstützt die Ordnung am Arbeitsplatz, fördert das systematische Arbeiten und spart Kraft und Zeit.

Hausaufgabe

▷ Welche Möglichkeiten der Mülltrennung und -vermeidung kennst du?

FALLBEISPIEL

Deine Mutter musste kurzfristig zu deiner Oma ins Krankenhaus. Da dein Vater heute nicht zu Hause ist und du das älteste Kind in eurer Familie bist, sollst du deinen Geschwistern ein Abendessen zubereiten. Weil du noch Zeit zum Lernen brauchst, möchtest du Sandwiches machen, denn das geht schnell und schmeckt lecker. Wie gehst du am besten vor? Wie kannst du Zeit sparen?

1. Möglichkeit: Belegen nach Zutaten

So kannst du vorgehen:

- ☐ 1. Lege eine Stoppuhr neben deinen Arbeitsplatz.
- ☐ 2. Stelle alle Lebensmittel und notwendigen Arbeitsmittel bereit.
- ☐ 3. Bereite das Gemüse vor und beachte beim Schneiden den inneren und den äußeren Greifraum. Lege jedes Gemüse auf einen eigenen kleinen Teller.
- ☐ 4. Ordne die Teller in der gleichen Reihenfolge an, wie auch das Sandwich belegt werden soll. Dann starte die Stoppuhr.
- ☐ 5. Lege alle Scheiben Sandwichtoast nebeneinander.
- ☐ 6. Verteile nun auf jede zweite Toastscheibe die Zutaten der Reihe nach, so wie du sie aufgestellt hast.
  Beispiel: Zuerst trägst du den Frischkäse auf die Toastscheiben auf, dann belegst du jede zweite Toastscheibe mit einem Salatblatt, dann belegst du die Toastscheiben mit Käse …
- ☐ 7. Klappe die Scheiben zusammen und schneide sie in der Mitte durch.
- ☐ 8. Lege die fertigen Sandwiches auf eine Anrichteplatte.
- ☐ 9. Drücke auf die Stoppuhr. Wie lange hast du gebraucht?

Überlege:
Bist du zufrieden mit deinem Ergebnis?
Möchtest du es noch einmal anders versuchen?

2. Möglichkeit: Belegen nach Sandwiches

So kannst du vorgehen:

- ☐ 1. Lege eine Stoppuhr neben deinen Arbeitsplatz.
- ☐ 2. Stelle alle Lebensmittel und notwendigen Arbeitsmittel bereit.
- ☐ 3. Bereite das Gemüse vor und beachte beim Schneiden den inneren und den äußeren Greifraum. Lege jedes Gemüse auf einen eigenen kleinen Teller.
- ☐ 4. Ordne die Teller in der gleichen Reihenfolge an, wie auch das Sandwich belegt werden soll. Dann starte die Stoppuhr.
- ☐ 5. Lege zwei Scheiben Sandwichtoast nebeneinander.
- ☐ 6. Verteile nun auf eine Toastscheibe alle Zutaten nacheinander.
  Beispiel: Zuerst trägst du den Frischkäse auf eine Toastscheibe auf, dann belegst du sie mit einem Salatblatt, dann belegst du die Toastscheibe mit Käse … Wenn du mit dem ersten Sandwich fertig bist, beginnst du mit dem nächsten usw.
- ☐ 7. Klappe die Scheiben zusammen und schneide sie in der Mitte durch.
- ☐ 8. Lege die fertigen Sandwiches auf eine Anrichteplatte.
- ☐ 9. Drücke auf die Stoppuhr. Wie lange hast du gebraucht?

Überlege:
Bist du zufrieden mit deinem Ergebnis?
Möchtest du es noch einmal anders versuchen?

KOCHAUFGABE

Käsesandwich

Menge	Zutaten	Zubereitung	Arbeitsgeräte
8 Scheiben	Sandwich-toast	vorbereiten, vier davon mit	Messer
2 EL	Kräuter-frischkäse	bestreichen	
4	Salat-blätter	in schmale Scheiben schneiden und auf den 4 Brotscheiben verteilen. Nun die anderen 4 Scheiben darauf legen und leicht andrücken.	Schneidebrett Arbeitsteller
4	Käse-scheiben		
2	Tomaten		Tomatenmesser
1/2	Salatgurke		

Das Sandwich anrichten und auf einer Servierplatte servieren.

LEHRERINFORMATION

Mindmap „Zubereitung von Sandwiches“ – Musterlösung

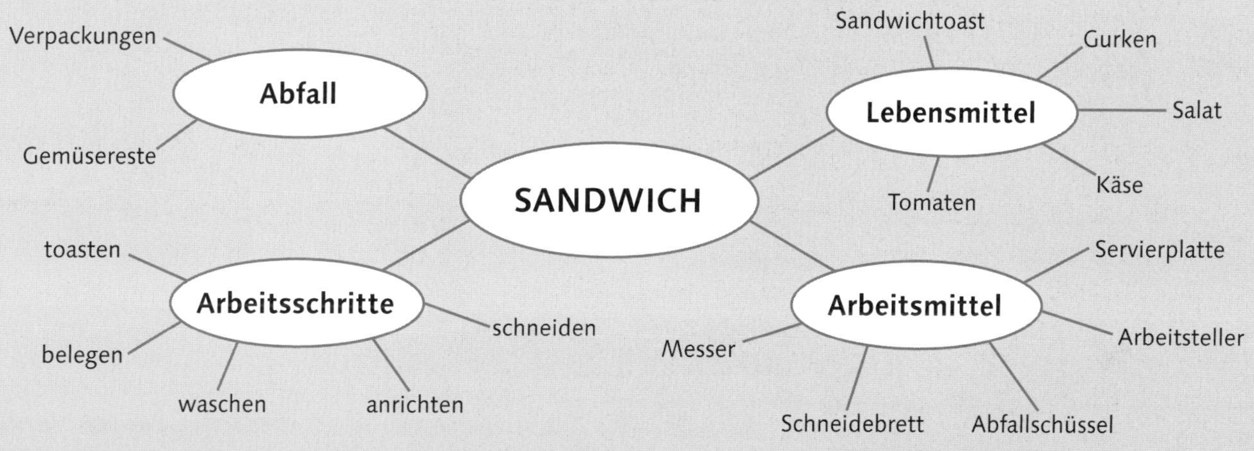

Definitionen der Fachbegriffe – Musterlösung

Definitionen:

Innerer Greifraum:
Dieser Greifraum ist der Bereich der auszuführenden Hauptarbeit (z. B. schneiden, rühren), weil hier am wenigsten Kraft gebraucht wird.

Sandwich: Zwei Scheiben (Toast-)Brot, die herzhaft belegt und zusammengeklappt serviert werden.

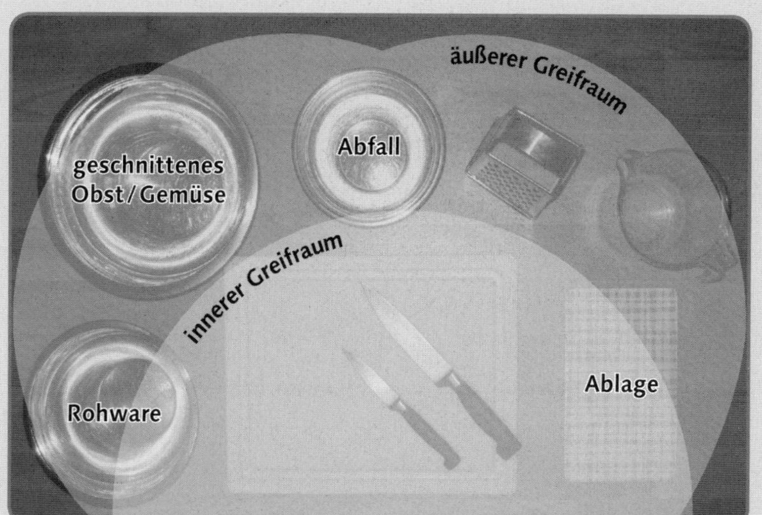

Äußerer Greifraum:
In diesem Bereich stehen die Dinge, die geholt und wieder abgestellt werden (Zutaten, geschnittenes Gemüse).

3.3 Abfall vermeiden, trennen und entsorgen

LEHRERINFORMATION

Lernziele

- Einkaufshilfen (z. B. Tasche, Korb) benutzen; auf Plastiktüten verzichten
- beim Kauf unverpackte Lebensmittel bevorzugen
- beim Kauf Mehrweg- und Nachfüllpackungen bevorzugen
- Verpackungsabfälle sachgerecht trennen und entsorgen
- Lebensmittelreste sachgerecht entsorgen

Fachbegriffe

- Recycling
- Grüner Punkt
- Blauer Engel

Arbeitsmaterialien

Arbeitsgeschirr, Tafelgeschirr, Lebensmittel, Mülltüte mit Verpackungsabfall, Holz-/ Schaschlikspieße, Tomatenmesser

Lernmedien

- große, quadratische Papierbögen (als Tischset gestaltet)
- Arbeitsblatt mit Fallbeispiel und „Regeln beim Einkauf" (S. 30)
- Arbeitsblatt „Abfall sortieren" (S. 31)
- Musterlösung zum Arbeitsblatt „Abfall sortieren" mit Symbolen (S. 32 f.)
- Kochaufgabe mit Rezepttabelle „Power-Spieße" (S. 34)

Lernmethoden

Markieren

Begriffe klären

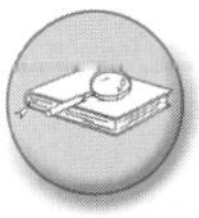

(z. B. Recycling, Grüner Punkt, Blauer Engel)

Tischset

LEHRERINFORMATION

1. Vorbereitung

- Eine Mülltüte vorbereiten, die verschiedene Arten von Verpackungsresten enthält (z. B. Umverpackungen passend zur Kochaufgabe) und in den Unterricht mitbringen
- Tischsets aus Papierbögen in Gruppenstärke gestalten (3er- oder 4er-Gruppen
- Die Methodenkarte „Tischset" (S. 88) in Gruppenstärke kopieren
- Das Arbeitsblatt mit dem Fallbeispiel und „Regeln beim Einkauf" (S. 30) auf Folie und in Schüleranzahl kopieren
- Das Arbeitsblatt „Abfall notieren" (S. 31) und die Musterlösung mit Symbolen (S. 32 f.) auf Folie kopieren

2. Unterrichtseinstieg

Die Lehrkraft entleert die mitgebrachte Mülltüte mit den unterschiedlichen Verpackungen und setzt so einen Impuls. Die Schüler greifen auf ihre Hausaufgabe aus Kapitel 3.2 (S. 24) zurück und nennen, was sie sich zum Thema „Mülltrennung und -vermeidung" überlegt haben. Dann wird das Arbeitsblatt mit dem Fallbeispiel und den Regeln beim Einkauf auf Folie gezeigt und besprochen.

3. Weiterer Verlauf

Die Schüler bilden Dreier- oder Vierergruppen und setzen sich an einen Tisch. Jede Gruppe erhält ein vorbereitetes Tischset. Anhand des Fallbeispiels und mithilfe der Methodenkarte erstellen die Gruppen jeweils ein Tischset zum Thema, das für alle gut sichtbar an der Tafel steht.

4. Ergebnissicherung / -präsentation / Lösung

Die Gruppen schneiden ihr „Fazit" jeweils aus dem Tischset aus und befestigen es an der Tafel. Pro Gruppe wird ein Sprecher bestimmt, der die Ergebnisse / das „Fazit" des Tischsets im Plenum vorstellt. Es werden Regeln zur Abfallvermeidung formuliert (vgl. Arbeitsblatt). Auf dem Arbeitsblatt „Abfall sortieren" werden gemeinsam in der Klasse die verschiedenen Abfallsorten den richtigen Tonnen zugeordnet. Die Begriffe „Recycling", „Grüner Punkt" und „Blauer Engel" werden spätestens jetzt thematisiert und die Symbole auf Folie gezeigt. Die Ergebnisse können jeweils mit der Musterlösung abgeglichen werden.

Hausaufgabe

- ▷ Welche Arten von Küchenmessern kennst du?
- ▷ Wo kommen sie zum Einsatz?
- ▷ Was musst du beim Umgang damit beachten?

FALLBEISPIEL

Gestern Abend war ich bei meiner Freundin Clarissa zum Essen eingeladen. Weil sie am Nachmittag zu viel Zeit vertrödelt hatte, blieb ihr nur noch eine halbe Stunde für die Vorbereitung. Aber absagen wollte sie auf keinen Fall! Sie rannte also in den Supermarkt und kaufte alles Notwendige für das Abendessen ein. Weil sie so wenig Zeit zur Vorbereitung hatte, verzichtete sie auf Frischware. Aber sie war bei meiner Ankunft mit allem fertig.

Als ich nach dem Essen das Geschirr mit in die Küche trug, war dort vor lauter Lebensmittelverpackungen und Essensresten kaum Platz zum Abstellen der Geschirrteile. Etwas verlegen nahm Clarissa eine Tüte, steckte schnell alles hinein und versteckte sie hinter der Küchentür.

Als ich später nach Hause ging, schnappte ich mir klammheimlich die Tüte und ging damit zu den Mülltonnen …

Abfall vermeiden: Regeln beim Einkauf

- Benutze eine Stofftasche oder einen Korb zum Einkaufen.
- Kaufe möglichst unverpacktes Obst oder Gemüse.
- Wähle Pfandflaschen statt Einwegflaschen und nutze damit das Mehrwegsystem.
- Bevorzuge Glas statt Dosen, denn Glas kann häufiger recycelt werden.
- Bevorzuge Papp- anstelle von Kunststoffverpackungen.

ARBEITSBLATT

Abfall sortieren

	kommt in die	
Restmüll, z.B. ______		 Altglas-Container
Bioabfälle, z.B. ______		 Altpapiertonne
Verpackungen, z.B. ______		 Graue Restmülltonne
Glas, z.B. ______		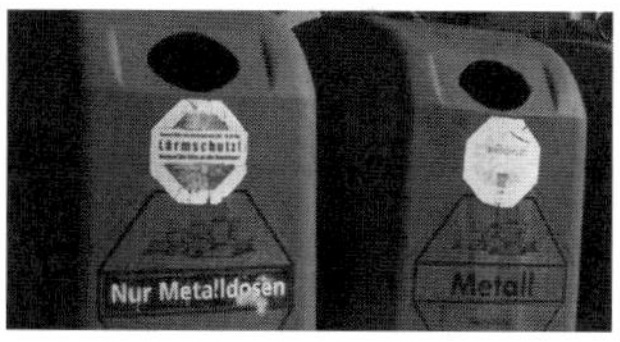 Dosencontainer
Papier, z.B. ______		 Gelbe Tonne/Gelber Sack
Dosen, z.B. ______		 Biotonne

LEHRERINFORMATION

Abfall sortieren – Musterlösung 1

Restmüll, z.B.
schmutziges oder beschichtetes Papier, Einwegbesteck, Knochen und Fischgräten, Behälter mit Essensresten, Fleisch- oder Wurstreste, Zigarettenkippen
→ Graue Restmülltonne

Bioabfälle, z.B.
Gemüse- und Obstreste, Eierschalen, Tee- oder Kaffeesatz, Küchenkrepp
→ Biotonne

Verpackungen, z.B.
„leichte" Verpackungen aus Kunststoff und Aluminium, Folien wie Chipstüten, Milch- und Safttüten, Einweg-Plastikflaschen, Joghurt-, Sahne- und Quarkbecher
→ Gelbe Tonne/Gelber Sack

Glas, z.B.
Einweggläser und -flaschen für Gurken, Senf, Babynahrung, Wein, Saucen, Marmelade, Parfümflakons
→ Altglas-Container

Papier, z.B.
alle Verpackungen aus Papier, Pappe und Karton, Werbebroschüren, Zeitungen, Kataloge, Schulhefte, Briefumschläge, Computerpapier
→ Altpapiertonne

Dosen, z.B.
Konservendosen, Getränkedosen, alle Dosen aus Weißblech
→ Dosencontainer

kommt in die

Altglas-Container

Altpapiertonne

Graue Restmülltonne

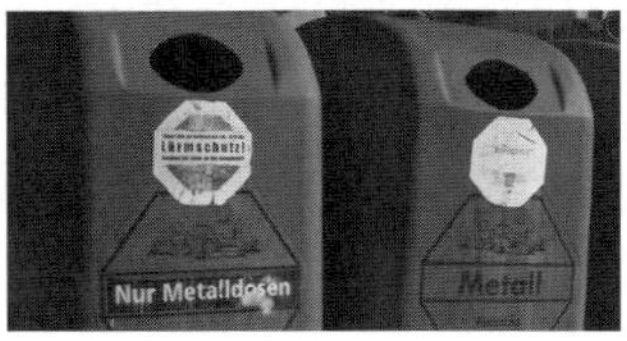

Dosencontainer

Gelbe Tonne/Gelber Sack

Biotonne

LEHRERINFORMATION

Abfall sortieren – Musterlösung 2

Der **Grüne Punkt** ist ein europaweites Kennzeichnungssystem im Verpackungsrecycling. Er besagt, dass der Hersteller des Produkts die gesetzlichen Abgaben für die Altstoffverwertung vorab entrichtet hat und dadurch nicht verpflichtet ist, Verpackungen unentgeltlich zurückzunehmen. Außerdem ist die Verpackung recyclebar und kann in der entsprechenden Mülltonne entsorgt werden.

Der **Blaue Engel** ist das Zeichen für besonders umweltschonende Produkte und Dienstleistungen. Er sagt deutlich (s. o.), warum das Produkt ausgezeichnet ist. Die Angaben sind zuverlässig und glaubwürdig.

Das „Möbiusband“ ist das internationale Symbol für **Recycling** und steht für wiederverwertbare Güter. In Kombination mit den Recycling-Codes gibt es Hinweise zur korrekten Entsorgung.

KOCHAUFGABE

Power-Spieße

Menge	Zutaten	Zubereitung	Arbeitsgeräte
4 Scheiben	Toastbrot	vorbereiten, 2 davon dünn mit	Messer
	Margarine	bestreichen und jeweils mit	
1 Scheibe	Gouda	belegen.	
1 EL	Ketchup	auf den Käse geben und jeweils mit einer weiteren Scheibe Toastbrot bedecken.	
		Die Sandwiches in 9 kleine Quadrate schneiden.	
6	Cocktail-tomaten	sowie	Tomatenmesser
1/2	Salatgurke	und	Schneidemesser
1	gelbe Paprika	in Scheiben schneiden.	
		Auf 2 Holzspieße abwechselnd Tomate, Gurke und Brotstücke stecken. Auf 2 weitere Spieße Paprika, Gurke und Brotstücke stecken.	Holzspieße / Schaschlikspieße

4. Schneidetechniken

LEHRERINFORMATION

Lernziele

- unterschiedliche Schneidetechniken für Gemüse kennenlernen
- sachgerechte Vorbereitung des Schneidgutes (putzen, waschen, schälen)
- Schneidetechniken selbstständig und durchdacht ausführen
- sachgerechter und sicherer Umgang mit Messern
- Arbeitsabläufe so gestalten, dass wenig Zeit und Kraft verbraucht wird

Fachbegriffe

- Krallengriff, Tunnelgriff
- Brotmesser, Schälmesser/Tourniermesser, Tomatenmesser, Gemüsemesser, Buntmesser
- Schneidetechniken (Scheiben, Streifen, Würfel, Stifte, Ringe, halbe Ringe)
- Sparschäler
- rationelles Arbeiten (Wdh.)

Arbeitsmaterialien

verschiedene Messer, Schneidebrett, Arbeitsgeschirr, Tafelgeschirr, Lebensmittel, Arbeitsmittel zur Plakaterstellung (Tonpapier, Lineal, Eddings)

Lernmedien

- Arbeitsblatt mit Tafelbild „Kleine Messerkunde" (S. 37)
- Arbeitsblatt mit Tafelbild „Schneidetechniken" (S. 38)
- Wortkarten (S. 39)
- Kochaufgabe mit Rezepttabelle „Bunter Salat" (S. 40)

Lernmethoden

Plakat gestalten

Küchenjournal

LEHRERINFORMATION

1. Vorbereitung

- Für jede Station alle Wortkarten (S. 40) ausdrucken, ausschneiden und laminieren
- Für die einzelnen Stationen jeweils geschnittenes Gemüse vorbereiten:

  1. Station: Schälchen mit vorgeschnittenem Gemüse in halben und ganzen Streifen und Scheiben (z.B. Zucchini, Möhren)
  2. Station: Schälchen mit vorgeschnittenem Gemüse in halben und ganzen Ringen (z.B. Zwiebeln)
  3. Station: Schälchen mit geputztem und geschältem Gemüse, ungeschnitten
  4. Station: Schälchen mit vorgeschnittenem Gemüse in Würfeln (z.B. Tomaten)
  5. Station: Schälchen mit vorgeschnittenem Gemüse in Wellenform (z.B. Gurken)
- Die Arbeitsblätter mit den Tafelbildern „Kleine Messerkunde" (S. 37) und „Schneidetechniken" (S. 38) auf Folie kopieren

2. Unterrichtseinstieg

Die Schüler werden nach der Hausaufgabe aus Kap. 3.3 (S. 29) gefragt. Die Ergebnisse werden gemeinsam im Plenum an der Tafel notiert und das Tafelbild „Kleine Messerkunde" ausgefüllt. Dann gibt der Lehrer einen Impuls zum Thema „Schneidetechniken" (z.B. „Wie erhalte ich Würfel?") und demonstriert anhand der Abbildungen den Tunnel- und Krallengriff zum Schneiden von Gemüse. Dabei erinnert der Lehrer an das Prinzip der Greifräume. Das Tafelbild „Schneidetechniken" wird gemeinsam ausgefüllt.

3. Weiterer Verlauf

Die Schüler bilden fünf Gruppen. Jede Gruppe erhält ein DIN-A4-Blatt. Dann begeben sich die Gruppen an jeweils eine Station. Sie suchen die zur vorliegenden Schneidetechnik passenden Wortkarten zu Messersorte und Schneidetechnik heraus und notieren ihre Wahl auf dem Blatt. Wenn alle Gruppen fertig sind, wird im Uhrzeigersinn rotiert, bis jede Gruppe an jeder Station war.

4. Ergebnissicherung / -präsentation / Lösung

Die Gruppenergebnisse zu allen Stationen werden jeweils von einem Gruppensprecher präsentiert. Nach Auswertung der Ergebnisse wird gemeinsam im Plenum ein Lernplakat dazu erstellt.

Das Plakat später am Küchenjournal befestigen.

Musterlösung

Musterlösung zum Tafelbild „Kleine Messerkunde":
1. Klinge mit grobem Wellenschliff
2. kleines Messer mit gebogener Klinge
3. Klinge mit feinem Wellenschliff, gegabelte Spitze zum Aufnehmen der Tomate
4. gerade, glatte Klinge zum Putzen von Gemüse
5. geriffelte Klinge zum dekorativen Schneiden von Gemüse (z. B. für Garnitur)

Lösung zum Tafelbild „Schneidetechniken":
Der Krallengriff und der Tunnelgriff ermöglichen ein rationelles Arbeiten ohne Schnittverletzungen.
Gemüse oder Obst kann zerkleinert werden in: Scheiben, Ringe, Streifen, Würfel, Stifte.
Schneidbewegung: Beim Schneiden wird das Messer vor- und zurück bewegt.
Merke: Zerkleinerte Nahrungsmittel immer abdecken und kaltstellen!

ARBEITSBLATT

Angelika Tavernier: Komplexe Aufgaben Hauswirtschaft und Soziales 7

„Kleine Messerkunde“

1. Brotmesser	2. Schälmesser/ Tourniermesser	3. Tomatenmesser	4. Obst- und Gemüsemesser	5. Buntmesser

Eigenschaften:	Eigenschaften:	Eigenschaften:	Eigenschaften:	Eigenschaften:

ARBEITSBLATT

Schneidetechniken

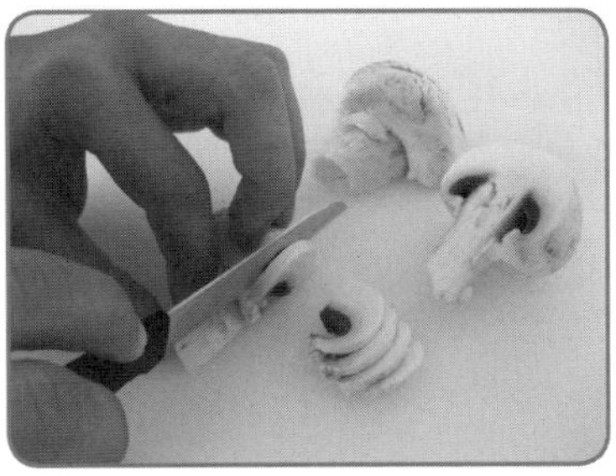

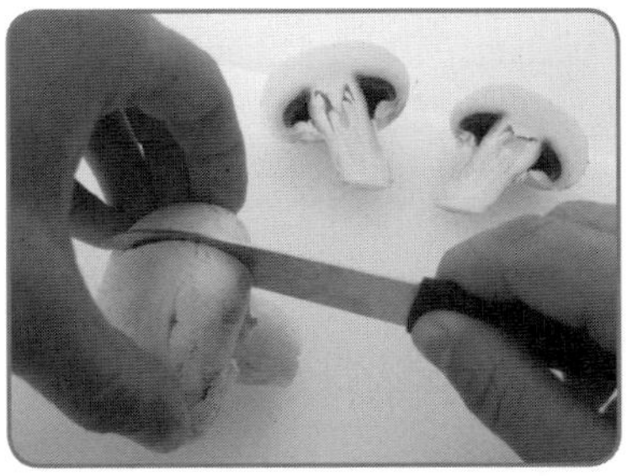

Der ______________ und der ______________ ermöglichen ein ______________ Arbeiten ohne Schnittverletzungen.

Gemüse oder Obst kann zerkleinert werden in:

 ______________

 ______________

 ______________

 ______________

 ______________

Schneidbewegung: Beim Schneiden wird das Messer ______________.

Merke: Zerkleinerte Nahrungsmittel immer ______________ und ______________!

LEHRERINFORMATION

Wortkarten zum Ausschneiden

Krallengriff	Tunnelgriff	Buntmesser
Schälmesser/ Tourniermesser	Tomatenmesser	Obst- und Gemüsemesser
halbe/ganze Scheiben	halbe/ganze Streifen	halbe/ganze Ringe
putzen	schälen	Würfel
Wellenschnitt	Stifte	

KOCHAUFGABE

Bunter Salat

Menge	Zutaten	Zubereitung	Arbeitsgeräte
1/2	Eissalat	zerpflücken und waschen,	Schneidebrett
1/4	Salatgurke	schälen und in halbe Scheiben schneiden,	Gemüse-
2	Tomaten	waschen und achteln,	messer
1/2	Zwiebel	schälen und in Ringe schneiden,	Tomaten-
1/2	Paprika-	waschen	messer
	schote	und würfeln,	Arbeits-
1/2 Dose	Gemüsemais	über den Salat geben.	schüssel
			Salatschüssel
Marinade:			Salatbesteck
2 EL	Essig	miteinander verrühren,	
4 EL	Olivenöl	über den Salat gießen und	
1 TL	Senf	vorsichtig mischen. Mit	
	Salz	und	
	Pfeffer	sowie	
1/2 TL	Zucker	abschmecken.	
		Den Salat anrichten und dekorativ	Buntmesser
		garnieren, z.B. mit Gurkenscheiben im	
		Wellenschnitt.	

5. Rezepte und Lebensmitteleinkauf

LEHRERINFORMATION

Lernziele

- Arbeitsanleitungen verstehen
- anhand der Rezeptanleitung die notwendigen Arbeitsmittel und -geräte bereitstellen
- Einkaufsliste unter Beachtung von Vorräten schreiben
- Rezepte folgerichtig ausführen

Fachbegriffe

- Rezept (Wdh.)
- Einkaufsliste
- Schneidetechniken (Wdh.)

Arbeitsmaterialien

Arbeitsgeschirr, Tafelgeschirr, Lebensmittel, Lebensmittelverpackungen, Messer, Schneebesen

Lernmedien

- Arbeitsblatt mit Fallbeispiel und Leittext (S. 43)
- Methodenblatt „Einkaufsliste" (S. 44)
- Arbeitsblatt „Eine Einkaufsliste erstellen" (S. 45)
- Kochaufgabe mit Rezepttabelle „Bayerischer Wurstsalat " (S. 47)
- Kochaufgabe mit Rezepttabelle „Obstsalat" für Hausaufgabe (S. 55)

Lernmethoden

Brainstorming

Rezepte heraussuchen, Einkaufsliste schreiben, Anzahl der Personen festlegen, Vorräte inspizieren

Anleitung lesen

LEHRERINFORMATION

1. Vorbereitung

- Das Arbeitsblatt mit Fallbeispiel und Leittext (S. 43) auf Folie und in Schüleranzahl kopieren
- Das Methodenblatt „Einkaufsliste" (S. 44) und das Arbeitsblatt „Eine Einkaufsliste erstellen" (S. 45) auf Folie und ggf. in Klassenstärke kopieren
- Die für die Zubereitung des Wurstsalates erforderlichen Lebensmittel bereitstellen
- Das Rezeptblatt „Bayerischer Wurstsalat" (S. 47) in Schüleranzahl kopieren
- Die Kochaufgabe mit Rezepttabelle „Obstsalat" (S. 55) für die Hausaufgabe in Klassenstärke kopieren

2. Unterrichtseinstieg

Der Lehrer stellt das Fallbeispiel vor. Der Leittext wird auf Folie gezeigt und dient den Schülern als Anleitung zur Erstellung der Einkaufsliste.

3. Weiterer Verlauf

Die Schüler erhalten das Rezept zum „Bayerischen Wurstsalat" sowie die Methoden- bzw. Arbeitsblätter zur Erstellung einer Einkaufsliste (Anleitung + Vorlage). Dann wird entweder in Einzelarbeit oder gemeinsam im Plenum eine Einkaufsliste erstellt.
Die Einträge werden vom Lehrer auf der Folie ergänzt (vgl. Musterlösung S. 46).
Die Kochgruppen bereiten in der Küche jeweils einen Wurstsalat nach Rezept zu.
Ein Schüler demonstriert für alle noch einmal den Tunnel- und den Krallengriff.
Eine Gruppe verwendet statt frischer Wurst am Stück ein Halbfertigprodukt (abgepackte, zerkleinerte Wurst). Dies soll als Vergleichsvariante hinsichtlich Zeit- und Arbeitsaufwand, Geschmack, Aussehen und Preis ausgewertet werden.

4. Ergebnissicherung/-präsentation/Lösung

Die einzelnen Gruppen berichten über ihre Erfahrungen bei der Zubereitung des Wurstsalates. Die Vergleichswerte von Frische- vs. Halbfertigprodukt werden gemeinsam im Plenum besprochen und in einer Vergleichstabelle (vgl. Beispieltabelle auf S. 46) festgehalten.

Hausaufgabe

- Schreibe eine Einkaufsliste zum Rezept „Obstsalat".
- Was musst du vor dem Einkauf tun? Was beachtest du dabei?

FALLBEISPIEL

Sandra und Melanie planen spontan ein kleines Treffen mit vier Freunden. Sie möchten ihnen eine Kleinigkeit zu essen anbieten. Damit es schnell geht, entscheiden sie sich für einen Wurstsalat. Gesagt – getan: Sie kaufen rasch gemeinsam ein und los geht's!

Während der Zubereitung merken die beiden, dass der Wurstsalat nie für sechs Personen reichen wird, kein Essig in der Küche ist und sie auch das Brot vergessen haben. Was haben Sandra und Melanie falsch gemacht?

So kannst du vorgehen:

- ☐ 1. Suche das Rezept „Bayerischer Wurstsalat".
- ☐ 2. Lies dir das Rezept sorgfältig durch.
- ☐ 3. Überprüfe dann, ob du alle Zutaten vorrätig sind.
- ☐ 4. Erstelle anhand des Rezeptes eine Einkaufsliste für die Zutaten, die noch fehlen.
- ☐ 5. Nimm dabei das Methoden- und das Arbeitsblatt (Anleitung + Vorlage) zu Hilfe.

Überlege:

Vergleiche deine Einkaufsliste mit den Vorräten.
Was musst du dabei beachten?

METHODENBLATT EINKAUFSLISTE

Eine Einkaufsliste erstellen – Zeit und Geld sparen

Eine Einkaufsliste ist ein Merkzettel, auf dem Lebensmittel und andere Produkte, die eingekauft werden sollen, schriftlich aufgelistet sind.

- Du sparst Zeit und unnötige Wege.
- Du kannst nichts vergessen.
- Du kaufst in den erforderlichen Mengen.
- Du lässt dich nicht zu Spontaneinkäufen verlocken.
- Du kaufst nichts Unnötiges.

So kannst du vorgehen:

- [ ] 1. Schreibe den Namen des Gerichtes in die erste Zeile der Tabelle.
- [ ] 2. Trage die erforderlichen Zutaten und Mengen in die oberen Felder ein.
- [ ] 3. Überprüfe mithilfe deiner Einträge die vorrätigen Lebensmittel/Zutaten.
- [ ] 4. Notiere in der nächsten Tabellenzeile, welche Lebensmittel/Zutaten du vorrätig hast und in welcher Menge.
- [ ] 5. Schreibe nun die noch fehlenden Lebensmittel/Zutaten mit Mengenangabe in die unteren Felder der Tabelle.

  Wenn du dir nicht sicher bist, ob es die erforderliche Menge abgepackt gibt, nimm eine gängige Einkaufsgröße!
- [ ] 6. Trenne die Einkaufsliste ab und nutze sie als Einkaufszettel.

ARBEITSBLATT

Eine Einkaufsliste erstellen – Zeit und Geld sparen

Das brauche ich für: ______________________________

Menge:	Zutaten:

Das ist vorhanden:

Menge:	Zutaten:

Das fehlt (= Einkaufsliste):

Menge:	Zutaten:

LEHRERINFORMATION

Eine Einkaufsliste erstellen – Musterlösung

Das brauche ich für:

Bayerischen Wurstsalat

Menge:	Zutaten:
300 g	Fleischwurst
150 g	Emmentaler
1	Zwiebel
4	Essiggurken
2 EL	Essig
5 EL	Olivenöl
1 EL	Brühe
	Salz/Pfeffer

Das ist vorhanden:

Menge:	Zutaten:
1/2 Flasche	Essig
200 ml	Olivenöl
1 Würfel	Brühe
	Salz/Pfeffer

✂

Das fehlt (= Einkaufsliste):

Menge:	Zutaten:
300 g	Fleischwurst
150 g	Emmentaler
1 Netz	Zwiebel
1 Glas	Essiggurken

Beispieltabelle für den Vergleich „Selbstgemacht – Halbfertigprodukt"

	Selbstgemachter Wurstsalat	Wurstsalat mit Halbfertigprodukt
Zeitaufwand		
Arbeitsaufwand		
Preis		
Geschmack		
Aussehen		

KOCHAUFGABE

Bayerischer Wurstsalat

Menge	Zutaten	Zubereitung	Arbeitsgeräte
300 g	Fleischwurst	und	Allzweckmesser
150 g	Emmentaler	in feine Streifen schneiden.	Gemüsemesser
1	Zwiebel	fein würfeln.	Schneidebrett
4	Essiggurken	in halbe Scheiben schneiden.	Arbeitsschüssel
Marinade:			
2 EL	Essig	verrühren,	kleine Schüssel
5 EL	Olivenöl	über die Zutaten gießen	Schneebesen
1 Prise	gekörnte Brühe	und untermischen.	
		Den Salat gut durchziehen lassen, mit	Anrichteschüssel
	Salz/Pfeffer	evtl. nachwürzen, anrichten und servieren.	

6. Teamarbeit und Gruppenregeln

LEHRERINFORMATION

Lernziele

- notwendige Arbeiten erkennen und gerecht im Team verteilen
- Regeln im Umgang miteinander einhalten
- Arbeiten folgerichtig planen
- Dynamik kooperativer Gruppenarbeit kennenlernen

Fachbegriffe

- Teamarbeit
- Kooperation
- Gruppenregeln

Arbeitsmaterialien

Arbeitsgeschirr, Tafelgeschirr, Dessertschalen, Lebensmittel, Zitronenpresse, buntes Kartonpapier, Karteikarten in doppelter Klassenstärke, große Schriftstreifen

Lernmedien

- Arbeitsblatt mit Fallbeispiel und Blitzlicht (S. 52)
- Arbeitsblatt „Aufgabenpuzzle" (S. 53)
- Methodenblatt „Arbeitsplan" (S. 54)
- Kochaufgabe mit Rezepttabelle „Obstsalat" (S. 55)

Lernmethoden

Blitzlicht

Kartenabfrage

Küchenjournal

Aufgabenpuzzle

Arbeitszeit planen

LEHRERINFORMATION

1. Vorbereitung

- Das Arbeitsblatt mit Fallbeispiel und Blitzlicht (S. 52) auf Folie und in Schüleranzahl kopieren
- Für die Kartenabfrage zwei bunte Papierbögen auf DIN A5 zuschneiden; auf den Bögen die Oberbegriffe „Team" und „Teamarbeit" eintragen
- Das Arbeitsblatt „Aufgabenpuzzle" (S. 53) in Klassenstärke kopieren
- Das Methodenblatt „Arbeitsplan" (S. 54) in Gruppenstärke kopieren
- Die Methodenkarte „Arbeitszeit planen" (S. 79) auf Folie kopieren

2. Unterrichtseinstieg

Die Hausaufgaben aus Kapitel 5 (S. 42) werden eingesammelt.
Ein Schüler liest das Fallbeispiel vor. Es folgt ein Blitzlicht zur dargestellten Problematik. Die Ergebnisse des Blitzlichtes werden vom Lehrer auf Folie unter dem Fallbeispiel notiert (z. B. Schüler hat nichts getan, nicht mitgeholfen, stand nur herum, war egoistisch und nicht kooperativ, hätte bereits abspülen können; Schüler haben schlecht geplant ...)

3. Weiterer Verlauf

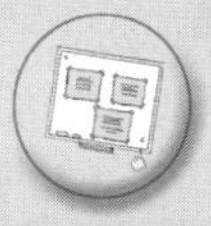

A) Kartenabfrage

Jeder Schüler erhält zwei leere Karteikarten. Zuerst soll in Einzelarbeit eine kurze Definition für das Wort „Team" gefunden werden. Diese wird auf der ersten Karte notiert und an die Tafel gehängt. Anschließend wiederholen die Schüler den Auftrag mit dem Begriff „Teamarbeit" auf der zweiten Karte. Dann werden die Aussagen vorgelesen, doppelte aussortiert und den beiden Oberbegriffen zugeordnet. Zum Schluss werden die beiden Kartonpapierbögen mit den Oberbegriffen darüber gehängt. (vgl. Musterlösung S. 51).

 *Definitionen gemeinsam vergleichen und die Bedeutung hervorheben.*

B) Aufgabenpuzzle

Um die Gruppen- bzw. Teamarbeit symbolisch hervorzuheben, kann nun die Puzzlemethode (hier: Aufgabenpuzzle) zum Einsatz kommen.

> Das Aufschreiben der Arbeitsschritte in der Form des Aufgabenpuzzles erleichtert nicht nur die Ausführung, sondern ist als Vorstufe zum Organisationsplan zu sehen.

Die Schüler bilden durchnummerierte Gruppen. Jede Gruppe erhält das Arbeitsblatt „Aufgabenpuzzle" in Gruppenstärke. Das Puzzleteil „Unsere Aufgabe" wird pro Gruppe einmal ausgeschnitten und beschriftet. Die Aufgabe lautet: „Einen Obstsalat zubereiten". Die freien Puzzleteile werden von jedem Schüler einzeln ausgeschnitten und später beschriftet. Auf der Rückseite kann jeweils der Name des Schülers notiert werden.

LEHRERINFORMATION

Zusätzliche Puzzleteile sollten immer bereitliegen.

Für mehrfache Verwendung die Puzzleteile laminieren!

C) Arbeitsschritte planen

Im Plenum wird die Reihenfolge der Arbeitsschritte geplant. Einleitend wird die Methodenkarte „Arbeitszeit planen" auf Folie gezeigt und von einem Schüler vorgelesen. Die Arbeitsschritte zur Aufgabe „Obstsalat zubereiten" werden dann gemeinsam erarbeitet und auf den Schriftstreifen festgehalten. Die Schriftstreifen werden folgerichtig an die Tafel gehängt und entsprechend nummeriert (vgl. Musterlösung S. 51).

D) Aufgaben verteilen/Puzzleteile beschriften

Die Gruppenmitglieder überlegen sich, welche Teilaufgabe sie jeweils übernehmen wollen und notieren diese auf ihrem freien Puzzleteil (vgl. Musterlösung S. 51).

E) Arbeitsplan erstellen

Um einen Überblick zu haben, wird pro Gruppe ein Arbeitsplan mit den jeweiligen Teilaufgaben ausgefüllt (vgl. Musterlösung S. 51).

Die Arbeitspläne für alle sichtbar an die Tafel hängen.

4. Ergebnissicherung/-präsentation/Lösung

Nach der Zubereitung bzw. Ausführung der Aufgabe werden die Puzzleteile jeder Gruppe auf bunten Karton geklebt. So können sie später am Küchenjournal präsentiert werden.

Hausaufgabe

- Überlege dir eine Tischregel.
- Gestalte die Regel als Slogan auf einem DIN-A4-Blatt. Sei dabei kreativ, denn es soll ein Lernplakat (Collage) daraus gestaltet werden.

Beispiel:

„Ich esse mit Messer und Gabel."

„Ich überlade meinen Teller nicht!"

LEHRERINFORMATION

A) Kartenabfrage – Musterlösung

Team = Gruppe oder Zusammenschluss von mehreren Personen für ein Projekt
Teamarbeit = Zusammenarbeit in einer Gruppe zur gemeinsamen Lösung einer bestimmten Aufgabe oder zur Erreichung eines bestimmten Ziels.
Teamarbeit erfordert Planung und Organisation.

C) Arbeitsschritte planen – Musterlösung

1. Rezept sorgfältig lesen
2. Teilarbeiten festlegen
3. Teilarbeiten einteilen
4. Aufgabe auf Puzzleteil notieren
5. Zeitrahmen festlegen
6. Aufgabe durchführen

D) Aufgaben verteilen / Puzzleteile beschriften – Musterlösung

1. Arbeitsmittel bereitstellen (Messer, Schneidebrett, Arbeits- und Abfallschüssel)
2. Obst waschen
3. Obst schälen und würfeln
4. Geschnittenes Obst mit Zitronensaft vermischen
5. Obstsalat garnieren und anrichten

E) Arbeitsplan erstellen – Musterlösung

Schülergruppe: Anna, Fabian, Lena, Klara

Datum: XX.XX.XXXX

Aufgabe der Gruppe: Obstsalat zubereiten

Name	***Tätigkeit***	***Zeitrahmen in Minuten***
Anna	*Apfel würfeln und Banane schneiden*	*20*
Fabian	*Birne und Pfirsiche würfeln*	*20*
Lena	*Weintrauben vorbereiten, Haselnüsse abmessen*	*20*
Klara	*Zitrone auspressen, Anrichtegeschirr bereitstellen, Tisch decken*	*20*

FALLBEISPIEL

Die Schüler der Klasse 7c sollen in ihren Gruppen jeweils einen Obstsalat zubereiten. Zu Beginn verteilen sie die Arbeiten gerecht untereinander. Bei der Ausführung der Schneidearbeiten zeigt sich, dass manches Obst (z.B. Banane) sehr schnell geschnitten ist.
Die Schüler, die mit dieser Schneideaufgabe schon fertig sind, stehen herum und warten gelangweilt auf die anderen.

Nach und nach werden alle Gruppen fertig, bis auf eine! Die Schüler der anderen Gruppen sitzen am bereits gedeckten Tisch und warten ungeduldig darauf, ihren Obstsalat essen zu können. Sie warten fast zehn Minuten, bis auch die letzte Gruppe mit ihren Schneidearbeiten endlich fertig ist.

Überlege:

Was läuft da falsch?
Welche Folgen hat es?

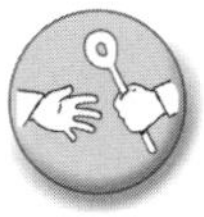

ARBEITSBLATT

Aufgabenpuzzle

Schneide die Puzzleteile an den gestrichelten Linien aus.

METHODENBLATT ARBEITSPLAN

Arbeiten zielgerichtet ausführen

Schülergruppe: ______________________________

Datum: ____________________

Aufgabe der Gruppe: ______________________________

____

____

Name	Tätigkeit	Zeitrahmen in Minuten

KOCHAUFGABE

Obstsalat

Menge	Zutaten	Zubereitung	Arbeitsgeräte
1	Zitrone	auspressen und mit	Zitronenpresse
1 EL	Honig	vermischen.	
1	Birne	und	Schneidebrett
1	Apfel	waschen, schälen, würfeln.	
200 g	Weintrauben	halbieren und entkernen.	Obstmesser
1/2	D. Pfirsiche	abtropfen lassen und würfeln.	Dosenöffner
1	Banane	in halbe Scheiben schneiden.	Arbeitsschüssel
		Alle Zutaten gut vermischen und	Salatbesteck
		abschmecken.	
		Jn Glasschälchen anrichten, mit	Dessertschalen
2 EL	gehackten	garnieren.	
	Haselnüssen		

7. Tischkultur

LEHRERINFORMATION

Lernziele

- Tische fachgerecht eindecken
- Tischdekoration dem Anlass entsprechend auswählen
- Tafelgeschirr und Vorlegebesteck sachgerecht auswählen
- Tischregeln kennen und praktizieren
- kultivierte Formen des Speisens als Bereicherung erfahren

Fachbegriffe

- Tischregeln
- Tischatmosphäre
- Remoulade

Arbeitsmaterialien

Arbeitsgeschirr, Tafelgeschirr, Vorlegebesteck, Lebensmittel, Brotkleingebäck im Brotkorb, Servietten, Tischkärtchen, -schmuck, -sets (-decken/-läufer), Brotmesser, Tomatenmesser, Anrichteplatte, Plakatmaterialien für die Collage, Karteikarten

Lernmedien

- Arbeitsblatt „Brotkorb-Rollenspiele" mit Tabelle (S. 59)
- Wortkarten
- Fachbücher über Tischgestaltung
- Verschiedene Anleitungen zum Serviettenfalten
- Tischkultur-Mappe
- Slogans zu Tischregeln (aus Hausaufgabe)
- Kochaufgabe mit Rezepttabelle „Putenbrust-Baguette-Schnittchen" (S. 60)

Lernmethoden

Tabellen lesen

Plakat gestalten

Küchenjournal

LEHRERINFORMATION

1. Vorbereitung

- Mit Kleingebäck gefüllten Brotkorb für jede Gruppe bereitstellen
- Das Arbeitsblatt „Brotkorb-Rollenspiele“ mit Tabelle (S. 59) in Klassenstärke kopieren
- Das Anschauungsmaterial zum Thema „Tischkultur“ auslegen (Servietten, Tischkärtchen, Dekoration, Fachbücher, Internetanleitung „Serviette falten“, Tischkulturmappe)
- Vier Wortkarten vorbereiten (Tischschmuck, Servietten, Tischkarten, Fachliteratur)

2. Unterrichtseinstieg

Brotkorb-Rollenspiele

Spiel 1: „Das Ego-Brot“

Der gefüllte Korb steht in der Mitte des Tisches. Alle Schüler bedienen sich selbstständig.

Impuls: Lehrer fordert die Schüler auf, sich zu bedienen.

Spiel 2: „Der Brotfreund“

Der gefüllte Korb steht in der Mitte des Tisches. Ein Schüler nimmt den Korb in die Hand, nimmt sich ein Stück und gibt den Korb an den Nebenmann weiter.

Impuls: Auftragskarten an einen Schüler je Gruppe verdeckt verteilen.
(1. Nimm den Brotkorb und nimm dir etwas heraus.
2. Gib nun den Brotkorb an deinen Nebenmann weiter.)

Spiel 3: „Das Gruppen-Brot“

Ein Schüler des jeweiligen Tisches steht auf, holt den gefüllten Korb (z. B. vom Buffet) und geht reihum zu jedem Schüler seiner Gruppe, sodass sich jeder selbstständig bedienen kann.

Impuls: Auftragskarten an einen Schüler je Gruppe verdeckt verteilen. (Hole den Brotkorb und biete reihum jedem Schüler etwas an.)

Die Schüler spielen die drei Varianten der Reihe nach durch und notieren ihre Wahrnehmungen (Gefühle, Atmosphäre) auf dem Arbeitsblatt (S. 59), nachdem sie sorgfältig die Tabelle gelesen haben.
Sie entscheiden sich in der Gruppe für eine Kulturform. Jede Gruppe gibt ihre Entscheidung mit Begründung bekannt (vgl. Musterlösung S. 58).

Es ist vorteilhaft, sofort nach jedem Spiel die Beobachtungen zu notieren.

LEHRERINFORMATION

3. Weiterer Verlauf

Den Begriff „Tischkultur" erweitern

Ein Schüler liest die Wortkarten vor und legt sie aus.
Die vorbereiteten Gegenstände zum Thema „Tischkultur" werden nun von den Schülern den Wortkarten zugeordnet.
Jeder Schüler stellt seine Slogans zum Thema „Tischregeln" aus der Hausaufgabe vor und heftet sie an die Tafel. Gemeinsam werden die Regeln ausgewertet, geordnet und ggf. ergänzt.

Papier (A4) für zusätzliche Tischregeln bereithalten oder als fertige Slogans vorbereiten (siehe Musterlösung unten).

4. Ergebnissicherung / -präsentation / Lösung

Aus den Slogans wird gemeinsam im Plenum ein Plakat zum Thema Tischregeln erstellt (Collage). Dieses wird dann am Küchenjournal präsentiert.

Musterlösung „Tischkultur"

Tischkultur betrifft nicht nur das Pflegen und Verfeinern von Tisch- und Ess-Sitten, sondern auch das Speisen in einer angenehmen Atmosphäre. Tischkultur beinhaltet somit auch das sachgerechte Eindecken der Tische, die richtige Auswahl des Tafelgeschirrs und -bestecks, den passenden Tischschmuck und zusätzliche Dekorationen wie Tischkärtchen, Serviettenfaltungen und Tischsets.
Eine freundliche Unterhaltung und eine gute Atmosphäre sorgt dafür, dass wir uns am Tisch wohlfühlen und uns das Essen gut bekommt.

Musterlösung „Tischregeln"

Ich warte, bis alle am Tisch sitzen.
Ich benutze das Besteck richtig.
Ich überlade meinen Teller nicht.
Ich esse geräuschlos.
Ich verwende eine Serviette.
Ich spreche nicht mit vollem Mund.
Ich sitze aufrecht am Tisch.
Ich bitte höflich um die Speisen.

ARBEITSBLATT

Brotkorb-Rollenspiele

Notiere direkt nach jedem Spiel, was du wahrgenommen hast. Lies dazu sorgfältig die Tabellenfelder durch.
Kreuze zum Schluss an, welches Spiel dir am besten gefallen hat. Begründe.

Deine Wahrnehmungen ...	**Spiel 1: Das „Ego-Brot"**	**Spiel 2: „Der Brotfreund"**	**Spiel 3: „Das Gruppen-Brot"**
... zum Ablauf			
... zum Verhalten der Mitspieler			
... zur Atmosphäre (Ruhe/Unruhe etc.)			
Dieses Spiel fand ich am besten:			
Begründung:			

Überlege:

Welche Form der Tischkultur sollte für den Unterricht übernommen werden? Begründe deinen Vorschlag.

KOCHAUFGABE

Putenbrust-Baguette-Schnittchen

Menge	Zutaten	Zubereitung	Arbeitsgeräte
1	kleines	in 10 etwa 1 cm dicke Scheiben	Brotmesser
	Baguettebrot	schneiden und dünn mit	
etwas	Remoulade	bestreichen.	
10	Salatblätter	waschen, trocken tupfen und auf	
		die Baguettescheiben legen.	
2	Tomaten	waschen, in Scheiben schneiden.	Tomatenmesser
1/4	Salatgurke	gründlich waschen und in feine	
		Scheiben schneiden.	
5 Scheiben	Putenbrust	halbieren, zur Hälfte	
		zusammenlegen und die	
		Schnittchen damit belegen.	
		Jedes Schnittchen mit einer	
		Scheibe Tomate und Gurke	
		garnieren.	
		Schnittchen auf einer Platte	Anrichteplatte
		anrichten.	

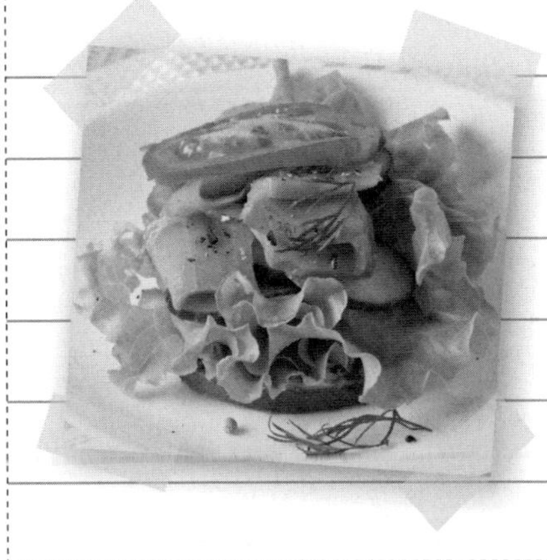

8. Präsentieren und Servieren

LEHRERINFORMATION

Lernziele

- Speisen ansprechend präsentieren und damit Lust aufs Essen machen
- einfache Formen des Anrichtens und Garnierens selbstständig ausführen
- Regeln zum Anrichten und Servieren kennenlernen und anwenden

Fachbegriffe

- präsentieren
- anrichten
- garnieren
- servieren

Arbeitsmaterialien

Arbeitsgeschirr, Tafelgeschirr, Lebensmittel, Schnitzmesser-Set, Buntmesser, Vorlegebesteck, Fachbuch zum Garnieren und Verzieren

Lernmedien

- Bildergalerie „Schnitzmesser“ (S. 64)
- Informationsblatt „Garnieren und Verzieren“ (S. 65)
- Fachbücher zum Thema „Tischdekoration“
- Schulbuch: „Regeln zum Anrichten von Speisen“
- Arbeitsblatt „Servieren wie ein Profi“ (S. 66)

Lernmethoden

Bildergalerie

Expertenpuzzle

LEHRERINFORMATION

1. Vorbereitung

- Bildergalerie „Schnitzmesser" (S. 64) auf Folie kopieren
- Das Informationsblatt „Garnieren und Verzieren" (S. 65) in Schüleranzahl und auf Folie kopieren
- In der Küche für die Expertengruppe Schnitz- oder Garniermesser und Obst und Gemüse entsprechend den ausgewählten Rezepten vorbereiten (jeweils zwei Mal dieselbe Grundausstattung)
- Vier laminierte Puzzleteile mit der Aufschrift „Ich bin ein Experte" bereitlegen
- Das Arbeitsblatt „Servieren wie ein Profi" (S. 66) vierfach und auf Folie kopieren (Blanko-Puzzleteil siehe S. 53)
- Schulbuch für die Expertengruppe bereitlegen

2. Unterrichtseinstieg

Optional kann der Lehrer zu Beginn Bilder von Gemüseschnitzereien zeigen. Es erfolgt ein Impuls anhand der Bildergalerie „Schnitzmesser" und/oder mit einem Schnitzmesser-Set zum Schnitzen von Gemüse, Buntmesser etc. Die Schüler nennen spontan ihre Ideen, was sie damit zum Garnieren von Speisen herstellen könnten.

Ein Schüler holt – sofern im Fundus des Lehrers – die Infokarte „Anrichten und Garnieren" aus dem Küchen-ABC und liest die beiden Begriffe mit Definition vor. Anschließend schreibt er sie an die Tafel. Alternativ werden die Begriffe im Unterrichtsgespräch geklärt und auf Folie kopiert.

3. Weiterer Verlauf

Die Schüler teilen sich in drei Gruppen auf. Jede Gruppe entsendet einen Schüler in die Expertengruppe. Die restlichen Schüler bilden drei Kochgruppen. Es folgt eine kurze Rezeptbesprechung. Gekocht werden sollten bekannte Rezepte in leicht abgewandelter Form, da der Schwerpunkt auf dem Anrichten und Garnieren liegt. Wichtig ist, dass die Gerichte der Kochgruppen und die Garnituren der Expertengruppe zusammenpassen.

Geeignete Rezepte: Bunter Salat (S. 40), Obstsalat (S. 55), Putenbrust-Baguette-Schnittchen (S. 60)

Die Kochgruppen arbeiten selbstständig und die Lehrkraft hat Zeit, die Schüler der Expertengruppe in die neue Methode einzuführen und zu unterstützen.

Arbeiten in der Expertengruppe

Die Folie des Informationsblattes „Garnieren und Verzieren" wird aufgelegt und in der Expertengruppe besprochen. Der Lehrer erläutert die verschiedenen Möglichkeiten der Garnierung und die Methodenkarte „Expertenpuzzle". Jeder Schüler erhält ein Puzzleteil mit der Aufschrift „Ich bin ein Experte" und ein leeres Puzzleteil.

LEHRERINFORMATION

Dann teilt sich die Expertengruppe in zwei Untergruppen: Zwei Schüler bereiten die jeweilige Garnitur für die ausgewählten Gerichte vor, während die beiden anderen das Arbeitsblatt „Servieren wie ein Profi" mithilfe des Schulbuches und der Bildergalerie ausfüllen. Nach 15 Minuten tauschen die beiden Untergruppen den Aufgabenbereich. Nach erneuten 15 Minuten werden die Ergebnisse gemeinsam in der Expertengruppe besprochen und ggf. verbessert.
Die Garnituren werden in kleinen Schüsseln mit den jeweiligen Messern bereitgestellt.

4. Ergebnissicherung / -präsentation / Lösung

Die Expertengruppe stellt ihr Wissen über das richtige Servieren und Abservieren vor, indem sie das Arbeitsblatt auf Folie zeigt und im Plenum mittels Folien- oder Tafelanschrift ergänzt (vgl. Musterlösung unten) und erläutert (vgl. Informationsblatt „Garnieren und Verzieren"). Der Lehrer steht beratend zur Seite. Das ausgefüllte Arbeitsblatt wird im Anschluss an alle Schüler verteilt.

Dann präsentiert die Expertengruppe ihre vorbereiteten Garnituren. Die Schüler der Kochgruppen können die Ergebnisse begutachten und anschließend ihre Gerichte mit den passenden Garnituren dekorieren.

Musterlösung „Servieren wie ein Profi"

Beim Anrichten der Speisen wird zwischen zwei Servierarten unterschieden:

Tellerservice und Plattenservice.
Von der rechten Seite des Gastes erfolgt ...
... das Einstellen von angerichteten Tellern oder Suppen.
... das Einschenken von Getränken.
... das Abservieren der Gedecke.

Von der linken Seite des Gastes erfolgt ...

... das Anbieten von Speisen auf Platten und in Schüsseln.

„Servieren wie ein Profi" sowie „Garnieren und Verzieren" als Hausaufgabe lernen lassen; eignet sich zur Leistungsfeststellung

ARBEITSBLATT

Bildergalerie „Schnitzmesser“

INFORMATIONSBLATT

„Garnieren und Verzieren"

1. Garnieren ⇨ Das Dekorieren von angerichteten Speisen

Die Garnitur soll die Speise nur betonen und ein „Blickfang" sein.

Betonung der Mitte

Betonung des Randes

Betonung der Seite

2. Anrichten ⇨ Das Auffüllen oder Auflegen der zubereiteten Speisen auf dafür vorgesehenes Anrichtegeschirr

Beim Anrichten der Speisen wird zwischen zwei Servierarten unterschieden:

Tellerservice

Die Speisen werden in der Küche angerichtet und anschließend dem Gast von der **rechten** Seite serviert.

Plattenservice

Die Speisen werden auf Platten angerichtet und dann reihum jedem Gast von der **linken** Seite angeboten.

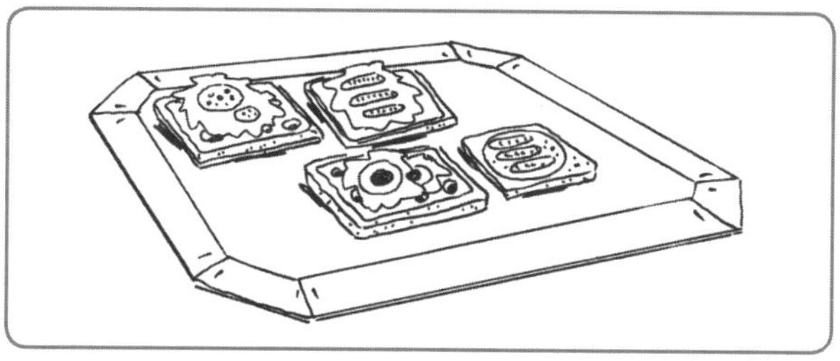

Besteck und Gläser sind bereits eingedeckt.

ARBEITSBLATT

Servieren wie ein Profi

Ergänze die Lücken im Text.

Beim Anrichten der Speisen wird zwischen zwei Servierarten unterschieden:

______________________________ und ______________________________.

Von der ______________ Seite des Gastes erfolgt ...

... das ______________ von angerichteten Tellern oder Suppen.

... das ______________ von Getränken.

... das ______________ der Gedecke.

Achtung: Warten, bis auch der letzte Gast aufgegessen hat!

Von der ______________ Seite des Gastes erfolgt ...

... das ______________ von Speisen auf ______________ und in Schüsseln.

Damit sich der Gast bequem bedienen kann, werden sie möglichst nah an den Teller herangereicht.
Achtung: Der Daumen darf dabei nicht hineinragen!

9.1 Der Elektroherd

LEHRERINFORMATION

Lernziele

- ▶ elektrische Geräte sachgerecht auswählen und einsetzen
- ▶ Umgang mit Gebrauchsanweisungen kennenlernen und wichtige Informationen herauslesen

Fachbegriffe

- Bedienungsanleitung/ Gebrauchsanweisung
- elektrische Geräte

Arbeitsmaterialien

Arbeitsgeschirr, Tafelgeschirr, Vorlegebesteck, Lebensmittel, Elektroherd, großer Topf, Pfanne, Buntmesser, kleiner Schneebesen, Anrichteschüssel

Lernmedien

- Arbeitsblatt mit Fallbeispiel und Leittext (S. 69)
- Arbeitsblatt „Ein nagelneuer Elektroherd" (S. 70)
- Original-Bedienungsanleitung eines Elektroherdes
- Kochaufgabe mit Rezepttabelle „Nudelpfanne mit Gurkensalat" (S. 71)
- Vorlage „Ergebnisprotokoll" aus Methodenkarte (S. 83)

Lernmethoden

Brainstorming

Auslese

Markieren

Anleitung lesen

Expertenpuzzle

Ergebnisprotokoll

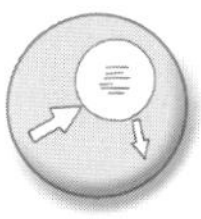

Küchenjournal

LEHRERINFORMATION

1. Vorbereitung

- Das Arbeitsblatt Tafelbild „Ein nagelneuer Elektroherd“ (S. 70) auf Folie kopieren
- Wichtige Seiten einer Original-Bedienungsanleitung zu folgenden Bereichen zusammenstellen: Sicherheitshinweise, Bedienung des Kochfeldes/der Backröhre, Reinigung und Pflege. Ggf. vergrößern und in Gruppenstärke kopieren
- Das Inhaltsverzeichnis der Original-Bedienungsanleitung auf Folie kopieren
- Das Arbeitsblatt mit Fallbeispiel und Leittext auf Folie kopieren
- Die Vorlage zum Ergebnisprotokoll aus der Methodenkarte (S. 83) in Schüleranzahl kopieren
- Das Rezeptblatt „Nudelpfanne mit Gurkensalat“ (S. 71) in Schüleranzahl kopieren

2. Unterrichtseinstieg

Zum Themeneinstieg wird das Fallbeispiel vorgelesen und dazu ein Brainstorming durchgeführt (z. B. Fehler vermeiden, Schalterfunktionen kennenlernen, Bedienungsanleitung lesen ...)

3. Weiterer Verlauf

Im Plenum wird das Tafelbild erarbeitet (auf Folie zeigen). Wenn die Fragestellungen klar sind, wird die Methode „Auslese“ vorgestellt und am Beispiel der mitgebrachten Bedienungsanleitung angewendet: Das Inhaltsverzeichnis aus der Original-Bedienungsanleitung wird auf Folie gezeigt. Die Schüler sollen daraus zunächst gezielt die wichtigsten Informationen heraussuchen („auslesen“).

Dann werden drei Expertengruppen gebildet; jede Gruppe erhält einen Satz der vorbereiteten Ausschnitte aus der Original-Bedienungsanleitung. Die Gruppen teilen die Bereiche Sicherheitshinweise, Bedienung des Kochfeldes/der Backröhre, Reinigung und Pflege unter sich auf. Mithilfe des Leittextes erarbeiten die Expertengruppen das jeweilige Unterthema. Das Arbeitsblatt mit dem Fallbeispiel und dem Leittext wird währenddessen als Folie aufgelegt.

Die Methode „Expertenpuzzle“ ist hier gut einsetzbar.

4. Ergebnissicherung/-präsentation/Lösung

Jeder Schüler erhält einen Ausdruck des Ergebnisprotokolls. Darauf werden die Erarbeitungsschritte sowie das Ergebnis festgehalten.
Die Expertengruppen bestimmen jeweils einen Sprecher, der das Ergebnis vorstellt.
Die Ergebnisprotokolle werden am Küchenjournal befestigt.

Musterlösung „Ein nagelneuer Elektroherd“

Welche Funktionen sollte sie kennen? – Sicherheitshinweise, Bedienung des Kochfeldes, Reinigung und Pflege
Was will Patrizia kochen? – Ein Nudelgericht mit Salat.

Wo kann sich Patrizia informieren? – In der Bedienungsanleitung/Gebrauchsanweisung.
Welche elektrischen Arbeitsgeräte benötigt sie? – Für das Kochen der Nudeln benötigt sie den Elektroherd.

FALLBEISPIEL

Patrizia will ihren Freund Fabian überraschen: Er steckt gerade mitten in den Einzugsarbeiten seiner neuen Wohnung, die er nach der bestandenen Gesellenprüfung bezogen hat. Bepackt mit einem vollen Einkaufskorb, klingelt sie an seiner Tür. Zum Glück ist er da! Nach einer stürmischen Begrüßung stellt Patrizia die mitgebrachten Lebensmittel auf den Küchentisch und in den Kühlschrank. Sie will eine Nudelpfanne und einen Gurkensalat zubereiten.

Fabian, der sich selbst gerne als Hobbykoch betätigt, hat von seinen Eltern zum Abschluss seiner Lehre einen nagelneuen Elektroherd geschenkt bekommen. Patrizia will die Nudeln kochen, kennt sich aber leider nicht mit dem neuen Gerät aus ... Wie geht Patrizia nun am besten vor? Was sollte sie zuerst tun?

So kannst du vorgehen:

- ☐ 1. Lies dir die Informationen aus der Bedienungsanleitung gut durch.
- ☐ 2. Erarbeite dann den Teilbereich deiner (Experten-)Gruppe.
- ☐ 3. Fülle zum Nachweis deiner Arbeit das Ergebnisprotokoll aus.
- ☐ 4. Präsentiere deine Ergebnisse (pro Gruppe ein Experte).
- ☐ 5. Befestige dein Ergebnisprotokoll am Küchenjournal.

ARBEITSBLATT

„Ein nagelneuer Elektroherd“

Welche Funktionen sollte sie kennen?

Wo kann Patrizia sich informieren?

Was will Patrizia kochen?

Welche elektrischen Arbeitsgeräte benötigt sie?

KOCHAUFGABE

Nudelpfanne mit Gurkensalat

Menge	Zutaten	Zubereitung	Arbeitsgeräte
250 g	Bandnudeln	in 2 l Wasser mit	großer Topf
1 EL	Salz	kochen.	Elektroherd
200 g	gek. Schinken	in feine Streifen schneiden.	
1	kleine Zwiebel	fein würfeln und mit	
20 g	Fett	in einer Pfanne glasig dünsten.	Pfanne
		Den Schinken dazugeben, kurz	
		anbraten, die gekochten Nudeln	
		unterrühren, mit	
	Salz, Pfeffer	abschmecken.	
1	Salatgurke	waschen, schälen, in gewellte Scheiben	Buntmesser
		schneiden.	
4	Frühlingszwiebeln	kleinschneiden und mit	
2 EL	Essig		
2 EL	Salatöl		kleiner
	Salz, Pfeffer	und	Schneebesen
2 EL	Sahne	eine Marinade zubereiten.	
1 EL	Dill	waschen, kleinschneiden und unter die	
1 EL	Schnittlauch	Marinade geben.	
		Die Marinade kurz vor dem Anrichten	Anrichteschüssel
		über die Gurken geben und vermengen.	

9.2 Das Handrührgerät

LEHRERINFORMATION

Lernziele

- ▶ elektrische Geräte funktionsgerecht auswählen und sachgerecht bedienen
- ▶ Umgang mit Gebrauchsanweisungen kennenlernen und wichtige Informationen herauslesen
- ▶ Zubehörteile und ihre Funktion kennenlernen und sachgerecht anwenden
- ▶ Reinigung und Pflege von elektrischen Geräten sachgerecht ausführen
- ▶ Unfallgefahren erkennen und vermeiden

Fachbegriffe

- Handrührgerät / Mixer
- Rührbesen, Knethaken, Pürierstab
- rühren, schlagen, kneten, pürieren
- Auswurftaste, Geschwindigkeitsschalter
- Zackenmarkierung, Zahnkranz
- Rührschüssel, Rührbecher, Becher mit Mess-Skala

Arbeitsmaterialien

Arbeitsgeschirr, Tafelgeschirr, Vorlegebesteck, Lebensmittel, Backblech, Backformen, Elektroherd mit Backröhre, Handrührgerät mit Zubehör, Spültuch, Trockentuch, Zahnstocher

Lernmedien

- Laufzettel für die Stationen (S. 75–77)
- Original-Bedienungsanleitung eines Handrührgerätes
- Schulbuch
- Kochaufgabe mit Rezepttabelle „Saftiger Schokoladenkuchen" (S. 78)

Lernmethoden

Brainstorming

Anleitung lesen

Flussdiagramm

Plakat gestalten

Küchenjournal

LEHRERINFORMATION

1. Vorbereitung

Folgende Gegenstände und Lernmedien vorab an den Stationen bereitlegen:

1. Station: Handrührgerät, Rührbesen, Knethaken, Pürierstab, Auszug aus der Bedienungsanleitung: „Funktionen der Zubehörteile"

2. Station: Rührschüssel, Rührbecher, Becher mit Mess-Skala, Schulbuch

3. Station: Auszug aus einer Bedienungsanleitung (Fundus des Lehrers), Methodenkarte „Flussdiagramm" (S. 84).
Die Schriftstreifen für das Flussdiagramm (S. 76) kopieren (evtl. vergrößern) und ausschneiden.

4. Station: Auszug aus Bedienungsanleitung: „Hinweise zur Reinigung und Werterhaltung"; Spültuch, Trockentuch, Zahnstocher

Die Laufzettel (S. 75–77) in Klassenstärke kopieren

2. Unterrichtseinstieg

Impuls durch Tafelanschrift: *„Morgen hat Mama Geburtstag … und ich bin pleite. Und jetzt?"* Die Schüler äußern ihre Gedanken dazu und sammeln Ideen für eine Lösung. Sobald ein Schüler die Idee äußert, als Geschenk einen Kuchen zu backen, wird diese an der Tafel notiert und mit weiterführenden Fragen vertieft:

- Habe ich das schon mal gemacht?
- Wie geht das?
- Was brauche ich dazu?
- Was muss ich beachten?

3. Weiterer Verlauf

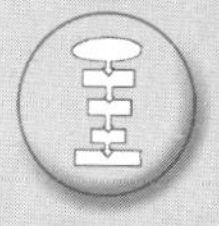

Die Ergebnisse des Brainstormings werden im Plenum sortiert und den vier Stationen zugeordnet:

Station 1: Das Handrührgerät und seine Zubehörteile
Station 2: Was brauche ich noch?
Station 3: Das Gerät richtig bedienen
Station 4: Das Handrührgerät pflegen und Unfälle vermeiden

Die Schüler bilden vier Gruppen. Jeder Schüler erhält einen Ausdruck der Laufzettel. Dann begeben sich die Gruppen an jeweils eine Station. Die Arbeitsaufträge zu den einzelnen Stationen werden ausgeführt. Wenn alle Gruppen fertig sind, wird im Uhrzeigersinn rotiert, bis jede Gruppe an jeder Station war.

LEHRERINFORMATION

4. Ergebnissicherung / -präsentation / Lösung

Die Gruppenergebnisse zu allen Stationen werden jeweils von einem Gruppensprecher präsentiert. Nach Auswertung der Ergebnisse wird gemeinsam im Plenum ein Lernplakat dazu erstellt. Die verschiedenen Themenbereiche können mit Fragestellungen eingeleitet werden (siehe Unterrichtseinstieg).

Das Plakat später am Küchenjournal befestigen.

Musterlösung Laufzettel

Station 1:
Auswurftaste / Geschwindigkeitsschalter
Rührbesen: Wird eingesetzt zum Schlagen und Rühren, z. B. von Sahne.
Knethaken: Wird eingesetzt zum Kneten, z. B. von Hefeteig.
Pürierstab: Wird eingesetzt zum Pürieren, z. B. von Obst.
Beim Einsetzen der Zubehörteile müssen Zackenmarkierung und Zahnkranz zusammenpassen!

Station 3: Gerät zusammenbauen → Netzstecker einstecken → Rühreinsatz in die Rührschüssel halten → Gerät einschalten → rühren → Gerät ausschalten → Aufsatz aus der Rührschüssel herausnehmen → Netzstecker ziehen → Rühreinsatz mit der Auswurftaste entfernen → Gerät säubern und sofort aufräumen → Rührteig ist fertig

Station 4:
Die Außenflächen des Gerätes wische ich nach Gebrauch mit einem Spültuch sauber und trockne sie mit einem Trockentuch ab. Die Rühreinsätze reinige ich entweder sofort oder in der Spülmaschine. Hartnäckige Verschmutzungen löse ich mit einem Zahnstocher.

Das Kabel von heißen Kochplatten fernhalten!
Immer den Netzstecker ziehen, wenn Rühreinsätze gewechselt werden!
Während des Rührens nie mit Gegenständen in die Schüssel greifen!
Niemals zerbrechliche Gefäße zum Rühren verwenden!
Das Gerät nicht ins Wasser tauchen!
Das Gerät nach Gebrauch sofort aufräumen!

LAUFZETTEL STATION 1

Station 1: Das Handrührgerät und seine Zubehörteile

Die Abbildungen zeigen die verschiedenen Funktionen und Zubehörteile eines Handrührgerätes (HRG). Lies den Auszug aus der Bedienungsanleitung: „Funktionen der Zubehörteile“. Beschrifte dann die abgebildeten Bedienelemente:

____

____

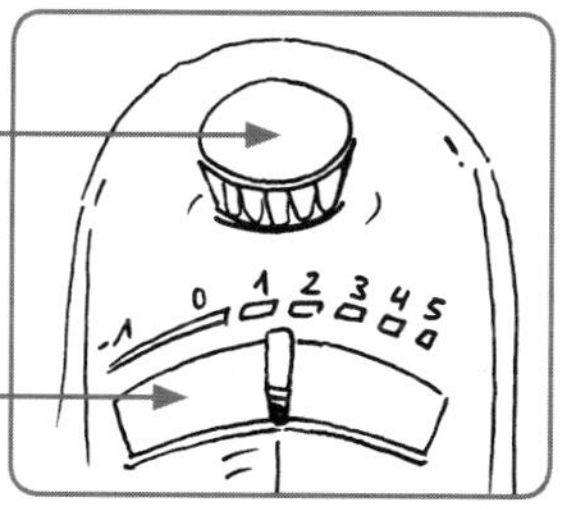

Beschrifte die abgebildeten Zubehörteile und nenne ihre Funktion:

____

Wird eingesetzt zum ______________________

und ______________________

z. B. von ______________________.

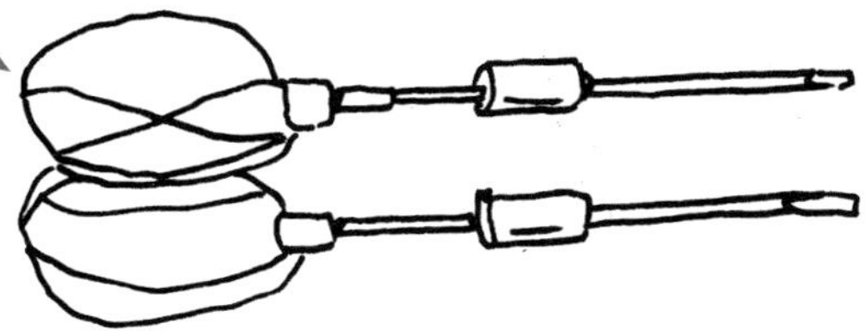

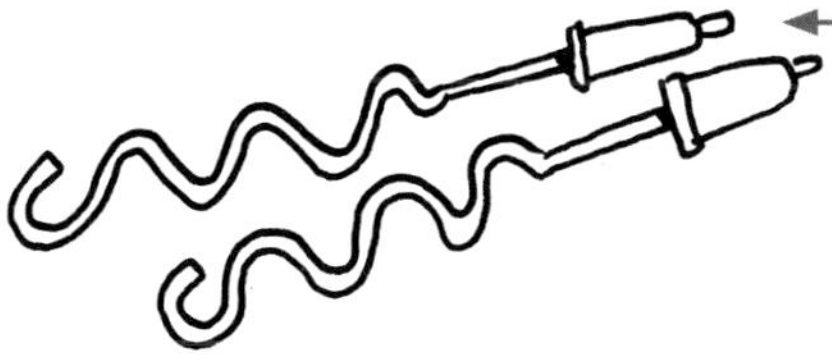

____

Wird eingesetzt zum ______________________

z. B. von ______________________.

____

Wird eingesetzt zum ______________________

z. B. von ______________________.

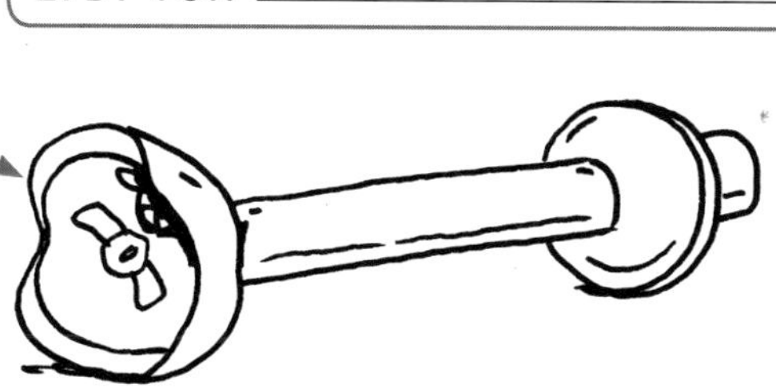

Beim Einsetzen der Zubehörteile müssen ______________________ und ______________________ zusammenpassen!

LAUFZETTEL STATION 2 + 3

Station 2: Was brauche ich noch?

Ordne die Abbildungen richtig zu. Nimm, falls nötig, dein Schulbuch zu Hilfe.

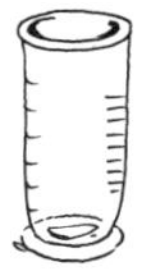

- Den speziellen Becher mit Mess-Skala nehme ich zum Pürieren.
- Die Rührschüssel benutze ich zur Zubereitung von Teigen.
- Den Rührbecher brauche ich zum Sahneschlagen.

Station 3: Das Handrührgerät richtig bedienen

Lies dir die Methodenkarte und den Auszug aus der bereitgelegten Bedienungsanleitung gut durch. Bringe die Schriftstreifen zur sachgerechten Bedienung des Handrührgerätes in die richtige Reihenfolge. Übertrage die Streifen dann auf die Rückseite deines Laufzettels.

Arbeitsschritte beim Handrührgerät – Schriftstreifen zum Ausschneiden

Gerät zusammenbauen

Aufsatz aus der Rührschüssel herausnehmen

Rühreinsatz in die Rührschüssel halten

Netzstecker einstecken

rühren

Gerät einschalten

Gerät ausschalten

Gerät säubern und sofort aufräumen

Rühreinsatz mit der Auswurftaste entfernen

Netzstecker ziehen

Rührteig ist fertig

LAUFZETTEL STATION 4

Station 4: **Das Handrührgerät pflegen und Unfälle vermeiden**

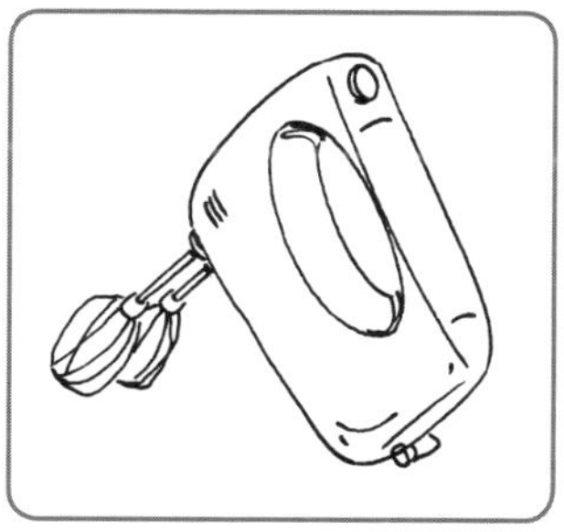

Lies den Auszug aus der Bedienungsanleitung „Hinweise zur Reinigung und Werterhaltung". Betrachte die ausgelegten Gegenstände.
Ergänze dann den Text.

Auch ein Handrührgerät braucht Pflege!

Die ____________________ des Gerätes wische ich nach Gebrauch mit einem ____________________ sauber und trockne sie mit einem ____________________ ab.

Die Rühreinsätze reinige ich entweder sofort oder in der ____________________.

Hartnäckige Verschmutzungen löse ich mit einem ____________________.

Beim Umgang mit dem Handrührgerät beachte ich Folgendes:

- Das Kabel von heißen ____________________ fernhalten!
- Immer den ____________________ ziehen, wenn Rühreinsätze gewechselt werden!
- Während des ____________________ nie mit Gegenständen in die Schüssel greifen!
- Niemals zerbrechliche ____________________ zum Rühren verwenden!
- Das Gerät nicht ins ____________________ tauchen!
- Das Gerät nach ____________________ sofort aufräumen!

KOCHAUFGABE

Saftiger Schokoladenkuchen

Menge	Zutaten	Zubereitung	Arbeitsgeräte
		Den Backofen vorheizen.	
		Die Backform einfetten und mit	Backform oder
2 EL	Semmelbrösel	einstreuen.	Backblech
250 g	Zartbitterschokolade	in Stücke brechen und mit	
250 g	Butter	im Wasserbad schmelzen,	Topf
		abkühlen lassen.	
6	Eier	mit	
200 g	Zucker	schaumig schlagen (mind. 5 Min.!).	Handrührgerät
250 g	gemahlene Mandeln	und	
100 g	Mehl	dazugeben und gut unterrühren.	
		Den Teig in die Backform streichen und bei	Elektroherd mit
		Umluft 160° C 20 Min. backen.	Backröhre
		Den Kuchen vor dem Servieren mit	Mehlsieb
		feingesiebtem	
	Puderzucker	bestreuen und auf der Kuchenplatte	Kuchenplatte
		anrichten.	

Schmelzen im Wasserbad: Butter und Schokolade in ein kleines Gefäß geben in einen größeren Topf mit kochendem Wasser hängen. So verhinderst du ein Anbrennen.

Du kannst ersetzen: Mandeln durch Haselnüsse, Butter durch Margarine, Zartbitterschokolade durch Schokoraspeln oder -streusel.

Anleitung lesen

Eine Anleitung ist wie ein Wegweiser. Sie gibt die Richtung an, in der die einzelnen Arbeitsschritte zur sachgerechten Ausführung einer bestimmten Arbeit erfolgen sollen. Im Fach Hauswirtschaft/Soziales handelt es sich in der Regel um z.B. die Zubereitung eines Gerichtes oder die Bedienung eines Gerätes.

- Bedienungs- und Sicherheitshinweise für ein Gerät
- Reinigungs- und Pflegehinweise für ein Gerät
- Pflegehinweise (Symbole) für Textilien
- Anleitungen für die Zubereitung eines (Teil-)Fertigproduktes
- beugt Unfällen vor
- ist erforderlich, um ein Gerät sachgerecht zu bedienen
- ist hilfreich, um ein gutes Ergebnis zu erzielen

So funktioniert's:
Beispiel: Pudding kochen (Teilfertigprodukt)

1. Nimm dir Zeit beim Lesen.
2. Lies die Zubereitungsschritte (Packungsanleitung) aufmerksam durch (besser: zwei Mal lesen!).
3. Stelle die notwendigen Arbeitsmittel bereit.
4. Kontrolliere anhand der Anleitung deinen Arbeitsplatz.
5. Bereite nun den Pudding so zu, wie es auf der Verpackung steht.

Arbeitszeit planen

Diese Methode kann man auch als „Zeitmanagement" bezeichnen. Es geht darum, die auszuführende Arbeit zu organisieren und in einen zeitlichen Rahmen zu setzen. Das kann die Planung einer praktischen, aber auch einer schriftlichen Arbeit sein.

- teilt die Arbeit in einzelne „Pakete"
- hilft, den „roten Faden" zu finden
- unterstützt besonders die Teamarbeit
- spart Zeit, Kraft und unnötige Wege
- begünstigt ein positives Ergebnis

So funktioniert's:

1. Lies deine Arbeitsaufgabe (Thema) gründlich durch.
2. Schreibe wichtige Informationen, Aussagen oder Fragen auf ein Notizblatt.
3. Kläre nicht verstandene Begriffe oder unklare Aussagen.
4. Zerlege die Aufgabe in Teilbereiche (Pakete).
5. Ordne den Teilbereichen einzelne Arbeitsschritte zu.
6. Veranschlage für jeden Arbeitsschritt eine bestimmte Bearbeitungsdauer.
7. Erstelle einen Zeitplan in Tabellenform, der alle Arbeitsschritte enthält (Datum, Tätigkeit, Zeit).

Aufgabenpuzzle

Das Aufgabenpuzzle veranschaulicht die gemeinsame, verantwortungsvolle Durchführung einer Gruppenarbeit. Es besteht aus einem Puzzleteil mit der Aufgabe und mehreren leeren Puzzleteilen in Gruppenstärke mit Schreiblinien.

- stärkt das Gemeinschaftsgefühl
- unterstützt das Verantwortungsbewusstsein innerhalb der Gruppe und für die jeweiligen Einzelbearbeiter
- veranschaulicht die Planung und Verteilung der einzelnen Arbeitsschritte
- verschafft einen Überblick über die zu erledigenden Arbeiten

So funktioniert's:

1. Schreibt auf das Puzzleteil „Unsere Aufgabe" euer Thema, schneidet es aus und legt es in die Tischmitte.
2. Besprecht euch und verteilt die Aufgaben gerecht.
3. Jeder schneidet nun sein Puzzleteil sauber aus, ergänzt es mit seiner ausgewählten Teilaufgabe und notiert die daraus folgenden Arbeitsschritte.
4. Fügt nun alle Puzzleteile an das Puzzleteil „Unsere Aufgabe" an.

Beispiel:

Die leeren Puzzleteile in ausreichender Anzahl bereitlegen. So können sie bei Bedarf spontan eingesetzt werden.

Auslese

Die Methode Auslese ist besonders für lange Informationstexte oder umfangreiche Bedienungsanleitungen geeignet. Bereits beim Lesen wird eine Auslese (Auswahl) vorgenommen. Nur das Beste wird ausgewählt, d.h. nur die Aussagen, die wichtig sind, werden dem Text entnommen und schriftlich festgehalten.

- hilfreich, um lange Texte zu erfassen
- unterstützt bei der Konzentration auf das Wesentliche
- ergänzt Referate oder eine Projektmappe um aussagekräftige Informationen
- aus komplizierten Bedienungsanleitungen können gezielt notwendige Informationen entnommen werden

So funktioniert's:

1. Sieh im Inhaltsverzeichnis oder im Index nach, auf welchen Seiten du die notwendigen Informationen findest.
2. Schlage die entsprechende(n) Seite(n) auf.
3. Lies den Text / die Texte genau durch. Markiere die wichtigsten Begriffe bzw. Textstellen.

Beispiel:

Welche Informationen der Bedienungsanleitung sind wichtig und notwendig für ...
... deine Arbeitsaufgabe?
... die Bedienung des Geräts?
... die Sicherheit sowie Reinigung und Pflege?

Bei einer Bedienungsanleitung kannst du die Seiten mit den wichtigsten Informationen kopieren und so selbst eine kurze und verständliche Anleitung erstellen!

Begriffe klären

Begriffe klären steht für die Definition eines unbekannten Wortes. Diese Methode beseitigt Unklarheiten über bestimmte Begriffe. Als Hilfsmittel stehen Lexika, Fachbücher oder das Internet zur Verfügung.

- dient als „Schlüssel" zum Textinhalt
- unterstützt das Textverständnis
- erleichtert das Vorbereiten eines Referates oder Plakates

So funktioniert's: Beispiel: Du willst wissen, was „essenzielle Fettsäuren" sind und wie „essenziell" richtig geschrieben wird.

1. Schlag nach im Lexikon:

„essenziell"	
Beginne mit dem ersten Buchstaben,	e
hänge den zweiten Buchstaben an,	es
ergänze mit dem dritten Buchstaben und	ess
allen folgenden in der alphabetischen	esse
Reihenfolge bis zum letzten Buchstaben.	essen
	essenz
	essenzi
	essenzie
Bedeutung: „essenziell" bedeutet	essenziel
„lebensnotwendig"	essenziell

2. Recherchiere im Internet:
- Suchmaschine starten (z. B. Google, Yahoo)
- gesuchtes Wort eingeben
- angezeigte Ergebnisse aufrufen (z. B. Eintrag in Wikipedia)
- Definition lesen
- Wort und Erklärung aufschreiben

3. Schlag nach im Fachbuch: Suche den Begriff im alphabetisch geordneten Inhaltsverzeichnis oder Register.

Bildergalerie

Die Bildergalerie ist eine Sammlung von Abbildungen, die einen visuellen Eindruck von einem neuen Lernbereich geben. Die Bilder zu wichtigen Themen können in einer Bilderkartei aufbewahrt und regelmäßig ergänzt werden.
Geeignete Themen für Bildergalerien sind z. B. *Obst, Gemüse, Kräuter, Garnieren und Verzieren*.

- gut als Einstieg in ein neues Thema geeignet
- macht Lerninhalte anschaulicher
- weckt Neugier und Interesse
- unterstützt das Abrufen von Vorkenntnissen

So funktioniert's:
1. Die Bilder werden auf der Tischfläche verteilt.
2. Jeder Schüler sucht sich ein Bild aus und nimmt es an sich.
3. Wenn alle Schüler fertig sind, stellt jeder der Reihe nach sein Bild vor und sagt ein bis zwei Sätze dazu.

Beispiel:

„Ich habe die Petersilie gewählt, weil sie vielseitig verwendbar ist, z. B. für Salate, Suppen, Dips und zum Garnieren. Petersilie gibt es frisch, getrocknet oder gefroren zu kaufen."

Bei aktuellen Themen können die Bilder in einem Fotovorhang für eine gewisse Zeit am Küchenjournal (siehe S. 85) ausgestellt werden.

Blitzlicht

Beim Blitzlicht wird eine Frage, ein Thema oder ein Problem genannt. Dann sollen **alle** Schüler möglichst zügig ihre Gedanken und Ideen dazu äußern. Das Blitzlicht kann schnell und ohne Aufwand zu Beginn, während oder am Ende einer Lernphase eingesetzt werden.

- Sammeln von Vorwissen in kurzer Zeit
- motiviert auch stille Schüler zum Mitmachen
- hilfreich, um schnell neue Gedanken und kreative Lösungen zu finden

So funktioniert's:

1. Jeder Teilnehmer äußert sich reihum zum Thema/Problem. Wichtig ist die Kürze: Maximal ein bis zwei Sätze!
2. Die Äußerungen der Mitschüler werden nicht kommentiert.
3. Die Aussagen von Vorrednern können wiederholt werden.

Ein kleiner Gegenstand (z. B. Kochlöffel) kann als „Redestab" weitergereicht werden. Derjenige, der gerade spricht, hält den Redestab in der Hand.

Die geäußerten Ideen sollten auf einem Notizzettel festgehalten werden.

Brainstorming

Beim Brainstorming (engl. „Ideenwirbel") werden Ideen und Gedanken ohne festgelegte Reihenfolge geäußert und aufgeschrieben. Dadurch soll der Gedankenfluss angeregt werden.

- Produzieren von Ideen in kurzer Zeit
- Abfragen von Vorkenntnissen zu einem Thema
- Lösungssuche bei einem Problem oder Szenario

So funktioniert's:

1. Das Thema/Problem/Szenario wird an die Tafel (bei Gruppenarbeit auf Papier) geschrieben oder vorgelesen.
2. Jeder sagt, was ihm zu dem Thema/Problem/Szenario einfällt.
3. Äußerungen der Mitschüler werden nicht bewertet oder kritisiert!
4. Die gesammelten Ideen werden aufgeschrieben, besprochen und sortiert in Teilgebiete bzw. die Kategorien „geeignet"/„weniger geeignet".

Ergebnisprotokoll

Das Ergebnisprotokoll kann als Nachweis einer Arbeit als Experte dienen. Protokolliert werden dabei die Arbeitsaufgabe, das Ergebnis und die Methoden, die bei der Arbeit angewendet wurden.

- dient als Nachweis von Erkenntnissen und ausgeführten Tätigkeiten
- unterstützt die Präsentation von Ergebnissen
- ist ein nützliches „Nachschlagewerk" zur Vorbereitung eines Referats

So funktioniert's:

1. Lies deine Arbeitsaufgabe sorgfältig durch.
2. Beschreibe deine Aufgabe in kurzen Sätzen im ersten Feld.
3. Führe deine Aufgabe sorgfältig aus.
4. Schreibe die Ergebnisse sauber in das zweite Feld.
5. Trage die Methoden, die du angewendet hast, in das dritte Feld ein.

ERGEBNISPROTOKOLL	Datum: ______
Arbeitsaufgabe: ______	
Name: ______	Klasse: ______
1. ARBEITSAUFGABE – Das soll ich tun:	
______	
______	
2. ERGEBNIS – Das habe ich herausgefunden:	
______	
______	
3. METHODEN – Diese Methoden habe ich angewendet:	
______	

Expertenpuzzle

Das Expertenpuzzle ist eine Methode zur Erarbeitung von Fachwissen. Beim zu erforschenden Fachwissen kann es sich um Informationen zu einem elektrischen Gerät oder einem bestimmten Thema, z. B. Garmachungsarten handeln.

- stärkt die kooperative Zusammenarbeit
- unterstützt das Sammeln verschiedener Informationen
- Präsentationshilfe bei der Vorstellung der Ergebnisse
- die gesammelten Informationen können für die Projektmappe verwendet werden

So funktioniert's:

1. Jede Gruppe erhält ein Puzzleteil „Unsere Aufgabe", Informationsblatt, Notizpapier und einen Arbeitsauftrag.
2. Jeder Schüler erhält ein Puzzleteil mit Linien.
3. Nun erledigt jeder Schüler seine gewählte Aufgabe und schreibt seine gefundenen Informationen dazu zunächst auf ein Notizpapier.
4. Nach einer festgelegten Zeit tauschen die Mitglieder der Expertengruppe ihre Aufzeichnungen untereinander aus, so dass der Mitschüler die Korrektur übernehmen kann (evtl. zusätzlich die Lehrkraft).
5. Anschließend werden die Puzzleteile sorgfältig beschriftet, ausgeschnitten, zusammengefügt und präsentiert. Als Unterlage dient ein großformatiges, farbiges Tonpapier.

Zum Kennenlernen der Methode mit allen Schülern üben. Danach kann ab und an zur Differenzierung eine Expertengruppe zusammengestellt werden.

Flussdiagramm

Flussdiagramme dienen der Darstellung von Arbeitsabläufen wie z. B. die Organisation oder Planung einer bevorstehenden Aufgabe. Einerseits kann der inhaltliche Zusammenhang und die logische Reihenfolge veranschaulicht werden, andererseits der zeitliche Ablauf.

- hilfreich zum Erkennen der einzelnen Arbeitsschritte
- ermöglicht eine schnelle Übersicht
- verdeutlicht, welche Teilaufgaben aufeinanderfolgen
- macht die einzelnen Arbeitsschritte einprägsamer

So funktioniert's:

1. Notiere die zu erledigenden Arbeiten in einzelnen Arbeitsschritten auf jeweils einem Schriftstreifen.
2. Bringe die einzelnen Arbeitsschritte in einen folgerichtigen Ablauf.
3. Kennzeichne, ob es sich jeweils um den Beginn eines Prozesses, einen Arbeitsschritt in der Mitte oder um das Endergebnis handelt.
   Verwende für die Kennzeichnung der Arbeitsschritte die folgenden Symbole:
   - (abgerundetes Rechteck) Dieses Symbol kennzeichnet den Beginn eines Prozesses.
   - (Rechteck) Dieses Symbol steht für jeden einzelnen, angewendeten Arbeitsschritt.
   - (farbiges Rechteck) Das Endergebnis wird farbig herausgestellt.
4. Überprüfe die gewählte Reihenfolge, indem du sie in der Praxis ausprobierst.

Die Arbeitsschritte nur in kurzen Sätzen angeben.

Kartenabfrage

Die Kartenabfrage ist eine Methode zur Aktivierung von Vorwissen. Die Schriftform ermöglicht eine nachhaltige Auseinandersetzung mit dem Thema.

- erleichtert den Einstieg in ein neues Thema
- gut geeignet zur Begriffsklärung
- sehr gut geeignet zum Zusammenstellen von Regeln (Gruppenregeln, Hygieneregeln, Tischregeln)

So funktioniert's:

Das braucht ihr: Zettel im Format DIN A6, Stifte, Tesafilm, Pinnadeln oder Magnete, Fläche zum Befestigen der Zettel (z. B. Tafel, Pinnwand oder Küchenjournal)

So geht ihr vor:

1. Notiert eure Gedanken zum Thema in kurzen Sätzen auf den Zetteln.
2. Hängt die Zettel auf.
3. Betrachtet gemeinsam die Ergebnisse. Sortiert die Zettel und sucht Oberbegriffe, mit denen man einzelne Aussagen zusammenfassen kann.
4. Schreibt die Oberbegriffe auf ein farbiges Blatt Papier und befestigt sie über den entsprechenden Karten.
5. Überprüft noch einmal auf Richtigkeit.

Küchenjournal

Das Küchenjournal ist eine Präsentationsmöglichkeit für Arbeitsergebnisse und Darstellungen wie z. B. Abbildungen oder Diagramme. Gut dafür geeignet sind großformatige Pinnwände, die mit einem farbigen Stoff bezogen werden. Die Inhalte des Küchenjournals sollten regelmäßig aktualisiert werden.

- Vor- und Ausstellung von Arbeitsergebnissen (z. B. Expertenwissen)
- Wandtafel für Bildergalerien
- Präsentation von Plakaten

So funktioniert's:

1. Ergänze die Informationen mit einer themenbezogenen Überschrift.
2. Hänge die Informationskarten übersichtlich auf.
   Beispiel: Regeln zur Hygiene (Kartenabfrage)
   - Befestige zunächst die gefundenen Überschriften (Oberbegriffe) ⇒ Persönliche Hygiene, Hygiene am Arbeitsplatz, Lebensmittelhygiene
   - Hänge anschließend die Regelkarten unter die entsprechende Überschrift der Reihe nach auf.

Wenn keine Pinnwand vorhanden ist, kann mit Tapetenrollen oder anderen, großflächigen Papierbögen ein Küchenjournal erstellt werden.

Zum längerfristigen Präsentieren einer Bildergalerie ist ein Fotovorhang gut geeignet.

Markieren

Mit der Methode Markieren werden wichtige Informationen oder Begriffe in einem Text farbig herausgestellt.

- helfen wichtige Aussagen schnell mit dem Auge zu erfassen
- wichtige Hilfe bei der Vorbereitung von Texten (Referat, Projektmappe)
- spart zeitraubendes Nachlesen von ganzen Informationstexten
- unterstützt das Lernen und Merken

So funktioniert's:

1. Lies den Infotext zunächst sorgfältig durch.
2. Markiere beim zweiten Lesen wichtige Aussagen oder Begriffe.

Markiere bei langen wichtigen Textaussagen den Rand des Textabschnittes und schreibe ein Stichwort dazu. So verlierst du nicht den Überblick.

Mindmap

Eine Mindmap ist eine „Gedankenlandkarte". Ausgehend von der Mitte (Thema) werden nach außen hin Hauptäste angelegt, die die Teilbereiche des Themas benennen. Die angefügten Nebenäste werden mit Einzelaspekten ergänzt. Diese Methode setzt Grundwissen zum Thema voraus.

- Darstellung von Planungsüberlegungen
- Erschließung eines neuen Themenbereichs
- Zusammenfassung von Unterrichtsergebnissen
- Wiederholung von Lernstoff vor einer Probearbeit
- Erschließung eines Leittextes

So funktioniert's:

1. Schreibe das Thema in die Mitte.
2. Zeichne zu jedem wichtigen Teilbereich einen „Hauptast", der von der Mitte abgeht.
3. Beschrifte die „Hauptäste" mit den Namen der Teilbereiche.
4. Zeichne an jeden „Hauptast" so viele „Zweige", wie es einzelne Aspekte dazu gibt.
5. Beschrifte die „Zweige" mit den Namen der Einzelaspekte.

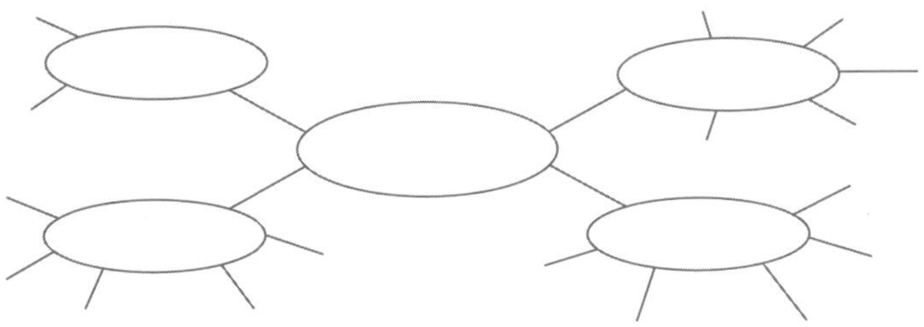

Nachschlagen

Das Nachschlagen ist eine Methode, um Begriffe besser zu verstehen und Informationen aufzubereiten, z. B. für ein Plakat, einen Vortrag oder für die Projektmappe.

- Lexikon (Bedeutung von Fachbegriffen)
- Fachbuch (Informationen zu bestimmten Themen)

So funktioniert's:

1. Suche im Inhaltsverzeichnis (Sachwort- oder Rezeptverzeichnis) nach deinem Begriff/Thema. Dort findest du die Seitenangabe.
2. Schlage diese Seite auf.
3. Lies das Wort bzw. den Text zum Thema.

WORTSUCHE (Lexikon)	TEXTSUCHE (Fachbuch)
Suche den Begriff in der alphabetischen Reihenfolge.	Suche z. B. ein Rezept im Register oder im Inhaltsverzeichnis. Beachte auch hier die alphabetische Reihenfolge!

Plakat gestalten (1)

Plakate sind Informationsträger und Präsentationshilfen. Sie sollen die Aufmerksamkeit des Betrachters in Sekundenschnelle gewinnen und nicht nur informieren, sondern auch zum Nachdenken auffordern. Sie können Texte und Bilder enthalten.

- veranschaulicht bildhaft wichtige Informationen zu einem bestimmten Thema
- gut als Präsentationshilfe geeignet
- dient als Vorübung zur Projektprüfung

So funktioniert's:

1. Sammle Informationen und Abbildungen zum vorgegebenen Thema.
2. Sortiere diese und wähle die wichtigsten aus.
3. Fasse die ausgewählten Informationen zu Kurztexten zusammen.
4. Überlege dir Überschriften zu den Texten und ordne passende Bilder zu.
5. Schreibe das Thema gut sichtbar als große Überschrift auf das Plakat.
6. Verteile die Kurztexte mit ihren Überschriften und Abbildungen sinnvoll auf der Plakatfläche.

Plakat gestalten (2)

Beispiel:

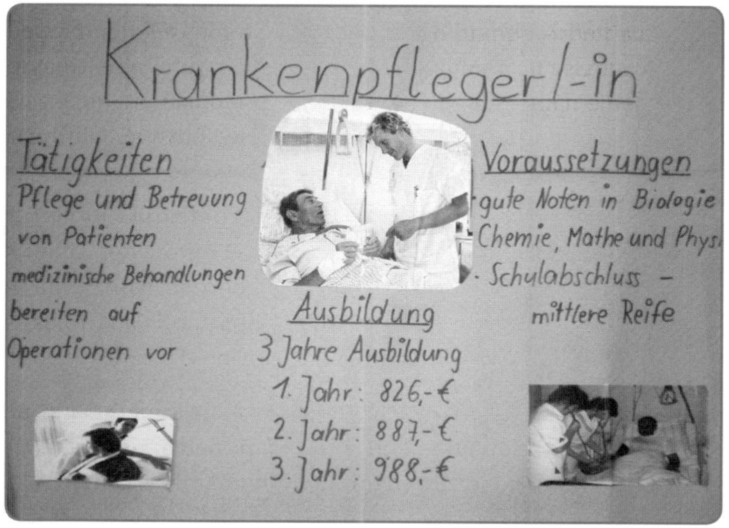

So machst du dein Plakat interessant:

- *Beschränke dich auf das Wesentliche.*
- *Finde interessante Überschriften zu den Teilbereichen.*
- *Wähle ansprechende Bilder.*
- *Schreibe groß genug und sorgfältig.*
- *Verwende 1–3 verschiedene Farben.*
- *Ordne die Texte und Bilder übersichtlich an.*
- *Gestalte mit Pfeilen, Symbolen oder Rahmen.*
- *Vergiss nicht: Weniger ist oft mehr!*

Tabellen lesen

Eine Tabelle ist eine geordnete Zusammenstellung von Fakten wie Texte und/oder Zahlen. Diese werden tabellarisch in Zeilen (waagrecht) und Spalten (senkrecht) dargestellt.

- verschafft einen schnellen Überblick
- geeignet für Präsentationen wegen der Übersichtlichkeit
- unterstützt das Lernen und Merken

So funktioniert's:
Um die Aussagen einer Tabelle richtig zu verstehen, muss diese richtig gelesen werden:

1. Sieh dir zuerst die senkrechten Spalten der Reihe nach an.
2. Lies die jeweilige Überschrift und fahre jede Spalte von oben nach unten mit dem Finger entlang.
3. Sieh dir dann die waagrechten Zeilen an.
4. Fahre jede Zeile mit dem Finger nach.
5. Kombiniere die Informationen aus den waagrechten Zeilen mit den senkrechten Spalten.

Wenn du Tabellen richtig lesen und deuten kannst, versuche, selbst eine Tabelle zu erstellen.

Tischset

Die Methode Tischset unterstützt das kooperative Lernen in der Gruppe. Das Tischset soll die Tischplatte weitgehend abdecken. Es besteht aus einem großen Papierbogen mit leeren Feldern entsprechend der Gruppenstärke (z. B. Dreier- oder Vierergruppe) und einem Feld für das Fazit. Dieses wird farblich hervorgehoben. **Beispiele:**

Tischset für Dreiergruppen

Tischset für Vierergruppen

- gut geeignet zur Abfrage von Vorwissen bei neuen Themen
- hilfreich bei der Wiederholung eines Lerninhaltes
- Fragen oder Probleme zum Thema werden sichtbar

So funktioniert's:

1. Die Aufgabenstellung wird sichtbar an die Tafel geschrieben.
2. Bildet eine Gruppe passend zur Art des Tischsets (3er, 4er).
3. Jeder notiert in dem vor ihm liegenden Feld des Tischsets, was er zu dem Thema weiß oder wissen will.
4. Nach einer vereinbarten Zeit dreht ihr das Tischset im Uhrzeigersinn.
5. Jeder liest und ergänzt die Notizen seines Vorgängers.
6. Dieser Vorgang wiederholt sich so oft, bis jeder wieder an seinem Ausgangsfeld angekommen ist.
7. Besprecht gemeinsam in der Gruppe, welche Informationen oder Erkenntnisse (= Ergebnis) der Klasse vorgestellt werden sollen und wer von euch das übernimmt.
8. Tragt das Ergebnis in das Feld „Fazit" ein. Dieses kann bei Bedarf zur Weiterbearbeitung ausgeschnitten werden.

Das Fazit kann für die Dauer der Lernphase auch am Küchenjournal befestigt werden!

Angelika Tavernier: Komplexe Aufgaben Hauswirtschaft und Soziales 7